Todos los libros de Linkgua Ediciones cuentan con modelos de Inteligencia Artificial entrenados por hispanistas. Pregúntale al chat de tu libro lo que desees acerca de la obra o su autor/a.

Para ebooks: Accede a nuestro modelo de IA a través de este enlace.

Para libros impresos: Escanea el código QR de la portada con tu dispositivo móvil.

Obtén análisis detallados de nuestros libros, resúmenes, respuestas a tus preguntas y accede a nuestras ediciones críticas generativas para una experiencia de lectura más enriquecedora.
La transparencia y el respeto hacia la autoría de las fuentes utilizadas son distintivos básicos de nuestro proyecto. Por ello, las respuestas ofrecen, mediante un sistema de citas, las fuentes con las que han sido elaboradas.

José Lezama Lima

La expresión americana

Barcelona 2024
Linkgua-ediciones.com

Créditos

Título original: La expresión americana.

© 2024, Red ediciones S.L.

e-mail: info@linkgua.com

Diseño de cubierta: Michel Mallard.

ISBN rústica ilustrada: 978-84-1126-979-7.
ISBN tapa dura: 978-84-1126-127-2.
ISBN ebook: 978-84-9953-838-9.

Sumario

Brevísima presentación

La vida

José Lezama Lima (La Habana, 19 de diciembre de 1910-9 de agosto de 1976). Cuba.

Nació el 19 de diciembre de 1910 en el campamento militar de Columbia, en La Habana, hijo de José María Lezama, coronel de artillería, y de Rosa Lima. En 1920, Lezama entró en el colegio Mimó, donde terminó sus estudios primarios en 1921. Hizo sus estudios de segunda enseñanza en el Instituto de La Habana, y se graduó como bachiller en ciencias y letras en 1928. Un año más tarde estudió Derecho en la Universidad de La Habana.

Lezama participó el 30 de septiembre de 1930 en los movimientos estudiantiles contra la dictadura de Gerardo Machado. Y publicó por entonces el ensayo Tiempo negado, en la revista *Grafos*, en la que al año siguiente se publica su primer poema titulado Poesía. Hacia 1937 fundó la revista *Verbum* y publicó su libro *Muerte de Narciso*. En los años siguientes fundó otras tres revistas: *Nadie parecía*, *Espuela de Plata* y *Orígenes*, junto a José Rodríguez Feo.

En 1964 Lezama se casó con su secretaria María Luisa Bautista. En 1965 ocupó el cargo de investigador y asesor del Instituto de literatura y lingüística de la Academia de Ciencias. En esa época fue publicada su *Antología de la poesía cubana*.

Su novela *Paradiso* apareció en 1966, fue considerada una de las obras maestras de la narrativa del siglo XX y calificada por las autoridades cubanas de «pornográfica».

Profundo conocedor de Platón, los poetas órficos, los gnósticos, Luis de Góngora y las literaturas culteranas y herméticas, Lezama vivió entregado a la escritura. Murió el 9 de agosto de 1976 a consecuencia de las complicaciones del asma que padecía desde niño.

La obra

La expresión americana es una serie de cinco conferencias dictadas por Lezama en el Palacio de Bellas Artes de La Habana en enero de 1957.

La expresión americana

I. Mitos y cansancio clásico

Solo lo difícil es estimulante; solo la resistencia que nos reta, es capaz de enarcar, suscitar y mantener nuestra potencia de conocimiento, pero en realidad ¿Qué es lo difícil? ¿lo sumergido, tan solo en las maternales, aguas de lo oscuro? ¿lo originario sin causalidad, antítesis o logos? Es la forma en devenir en que un paisaje va hacia un sentido, una interpretación o una sencilla hermenéutica, para ir después hacia su reconstrucción, que es en definitiva lo que marca su eficacia o desuso, su fuerza ordenancista o su apagado eco, que es su visión histórica. Una primera dificultad en su sentido; la otra, la mayor, la adquisición de una visión histórica. He ahí, pues, la dificultad del sentido y de la visión histórica. Sentido o el encuentro de una causalidad relegada por las valoraciones historicistas. Visión histórica, que es ese contrapunto o tejido entregado por la imago, por la imagen participando en la historia.

Si revisamos una serie de lienzos, desde ilustraciones de libros de horas hasta pintura flamenca o italiana renacentista, podemos situar, con la visualidad de la pintura sobre el devenir histórico, esa causalidad de sentido, y esa imagen, que da la visión histórica. Si contemplamos la ilustración Septiembre, de los hermanos Limbourg en *El libro de horas del Duque de Berry*, vemos a los campesinos regando alegremente a los pies del castillo. Enseguida subrayamos, que el sentido deviene por una serie de escalas establecidas en lo histórico. El rico esmalte de los azules humedece las puntas largas de las estrellas otoñales, y el castillo en lo alto de un roquedal presagioso, se envuelve en los destellos que pronuncian la secreta y esencial vida de sus moradores feudales. A pesar de una insignificante cerquilla que sitúa el trabajo de los campesinos, más allá del ámbito hechizado del castillo, se ve que la dependencia de trabajo a morada, de campesino a señor, es estrecha y solemne. Si comparamos esa ilustración del libro de horas con el cuadro *La cosecha*, de Breughel, comprendemos de súbito, que las equivalencias de la causalidad histórica se establecen sobre regiones o estaciones no estrenadas. Aquí los campesinos no parecen trabajar como en la lámina de los Limbourg, para las iluminaciones legendarias del castillo, se apartan en fugaces y repletos momentos, dándole entrada al espíritu de la kermesse, para cumplimentar sus comidas, el disfrute y la propia alegría. El contrapunto y los enlaces, en la proyección retrospectiva del segundo cuadro sobre el primero, traza una visión histórica, una animada iluminación estilística, en la que captamos, por la intervención de una imagen que se encarna, dos formas del campesinado. Una, diríamos, como vigilada por un hechizo; otra abandonada al cantábile de su propia alegría que se recrea y extiende en un tiempo ideal. Contemplemos ahora el retrato del Canciller Rolin, por Van der Weyden. El rostro parece ser el de un típico señor feudal, que mezcla los torneos y los juramentos, el pulso de las preocupaciones de gobierno con las más severas amonestaciones ascéticas. El rostro es torvo, muy severo, reconcentrado como el de un halcón antes de volcar su energía; comparémoslo ahora con otra de sus posturas en el cuadro de Jan Van Eyck, *Madonna del Canciller Rolin*. La presencia de la Virgen no altera en nada el rostro del Canciller, torvo e indeclinable. Sin embargo, en el cuadro de Van Eyck, hay como un brillo alegre, como si el mismo hombre estuviese contemplando el misterio que se avecina. ¿Qué es lo que nos ha ayudado en el mismo Canciller a muy radicales diferenciaciones? Captamos enseguida que el centro del cuadro es el niño, el infante que va hacia su destino. Es una nueva visión que modifica al hombre y sin alterar las señales externas de su rostro, el Canciller está como penetrado de otra luz más alta, que lo modifica y lo lleva a nueva vida. Un pequeño salto temporal, para contemplar las orgullosas fanfarrias prerrenacentistas del Caballero Da Fogliano, pintado por Simone Martini, paseando con sus «paramentos e cimeras», por los alrededores de su castillo, tranquilamente henchido como quien ha ido más allá de sus murallas. Parece como si en aquel estelar castillo, envuelto en el nocturno esmalte de sus bandas azules, que vimos en una tarde de Septiembre, en el perdurable tratamiento de los hermanos Limbourg, abriese sus lentas puertas para dar paso a la arrogante confianza del Caballero Da Fogliano. Supongamos que la vivencia de su participación en ese contrapunto animista, provocada por la visión histórica estilista cultural de los dos cuadros, se establezca sobre la expresión «puerta que se abre» motivada por la libre presunción del Caballero Da Fogliano, en relación, con el castillo en Septiembre, de los Limbourg, radicalmente cerrado. Aquí, el contrapunto se ha extendido peligrosamente, como que la expresión «puerta que se abre hacia afuera» se establece sobre los hexámetros del Yi King. Hay que grabar el signo del hexagrama sobre la puerta imaginaria, en actitud de un bandido tagalo que espera que lo decapiten. En la leyenda Tacquea, sobre el origen del fuego en algunas tribus ecuatorianas, Tacquea mantiene la puerta entreabierta, para impedir que los hombres metamorfoseados en aves le robasen el fuego. La puerta entreabierta, presionada cada vez que llegaba uno de los robadores, oprimía su cuerpo, hasta que llegó el colibrí con el cuerpo mojado. ¡Manes de Victoria y de Pallestrina, erudita polifonía con cuatro momentos de cultura integrándose en una sola visión histórica! Es decir, de pronto en una cabalgata tan alucinante como dialéctica, puerta que se abre actúa sobre el Caballero Da

Fogliano, que vence el hechizo hermético del castillo. ¿Qué es lo que ha pasado? Como otro *flato Dei*, entre cuadros, libro de horas, brillos de paños de torneos, cosecheros, trigales, que se han agitado de nuevo, comunicándoles como una nueva situación, una ininterrumpida evaporación y otra finalidad desconocida.

En todas esas láminas ejemplares hemos extraído presencias naturales y datos de cultura que actúan como personajes, que participan como metáforas una serie de entidades naturales imaginarias: trigales, noches de septiembre, puertas, chozas, descanso, estrellas, castillo. Y otra serie de entidades culturales imaginarias: señor feudal, campesino en kermesse, puertas que se abren hacia fuera, castillos hechizados, campesinos trabajando a los pies del castillo, ornamentos del señor que pasen. Aclarando aún más, nos encontramos, campesino, por ejemplo, entidad natural; ahora bien, campesino trabajando a los pies de un castillo, entidad cultural imaginaria. ¿Qué relación puede haber entre el Caballero Da Fogliano, que se pasea garbosamente por sus posesiones y el castillo cerrado, alzado en la medianoche de septiembre? No podemos establecer una relación entre el óleo de Simone Martini y la lámina de los Limbourg, sino por un contrapunto donde las puertas que se abren hacia afuera, obtenida esa entidad por los consejos de Yi King para sacar el alma del cuerpo, permita al caballero salir del castillo y pasearse por sus tierras de cultivo, entre el asombro que despiertan sus ornamentos de amarillo centella y la armonizada confianza con que se aleja del castillo. Cómo se ha obtenido esa revolución, esa rotación de tres entidades para integrar una nueva visión, que es una nueva vivencia y que es otra realidad con peso, número y medida también. Lo que ha impulsado esas entidades, ya naturales o imaginarias, es la intervención del sujeto metafórico, que por su fuerza revulsiva, puso todo el lienzo en marcha, pues, en realidad el sujeto metafórico actúa para producir la metamorfosis hacia la nueva visión.

Para impedir cualquier conclusión, tan falsamente forzosa como desaprensiva, en su apariencia semejante a la de algunos irreductibles sectores sobre los cuales Oswald Spengler pareció haber ejercido una influencia deslumbrante, con los llamados por la historiografía contemporánea hechos homólogos. Si comparamos la forma del cuerno del toro con la forma de la tiara de los emperadores bizantinos, dentro de la concepción del spengleriano hecho homólogo, precisamos un paralelismo de símbolos culturales, que adquieren precisamente ese valor simbólico por situarse en las valoraciones de una morfología. Pero nuestro ente de análogo cultural presupone la participación, sobre un espacio contrapunteado, del sujeto metafórico. Pudiéramos tal vez decir que ese sujeto metafórico actúa como el factor temporal, que impide que las entidades naturales o culturales imaginarias se queden *gelée* en su estéril llanura.

Determinada masa de entidades naturales o culturales, adquieren en un súbito, inmensas resonancias. Entidades como las expresiones, fábulas milesias o ruinas de Pérgamo, adquieren en un espacio contrapunteado por la imago y el sujeto metafórico, nueva vida, como la planta o el espacio dominado. De ese espacio contrapunteado depende la metamorfosis de una entidad natural en cultural imaginaria. Si digo piedra estamos en los dominios de una entidad natural, pero si digo piedra donde lloró Mario, en las ruinas de Cartago, constituimos una entidad cultural de sólida gravitación. La fuerza de urdimbre y la gravitación caracterizan ese espacio contrapunteado por la imago, que le presta *la extensión* hasta donde ese espacio tiene fuerza animista en relación con esas entidades. Sería erróneo pensar que la facilidad de esas expresiones fábulas milesias o ruinas de Pérgamo, para constituirse fácilmente en entidades culturales imaginarias, se deba a la pátina prestada por lo ancestral o milenario. Pues si decimos, en ese mismo sentido de entidades presididas por la imago, tradición hapsburguesa, la imaginación, con la misma facilidad que aquellas expresiones historiadas, abre un paréntesis, donde caben Ana de Austria y la contrarreforma y el contemporáneo Hoffmanthal y su escuela de Viena. Aún en nuestros días, eliminando así que sea el humo de lo ancestral lo que hace ondular de nuevo aquellas expresiones, cuando decimos *conspiración china*, sentimos de inmediato la resonancia de una presa verbal caída en ese contrapunto animista. Lo que hace que una expresión sea máscula y eficaz es que adquiera relieve en ese espacio, animado por una visión donde transcurren las diversas entidades. Inútiles y brumosas se deslizan expresiones como pedúnculos de holoturias desinfladas o como mojadas gorgonas, inapresables por las redes tendidas para llevar la infinitud espacial a un posible de creación. Son los modos verbales, hamacas para lo accidental y perentorio, donde el gesto o el guión triunfan en las modulaciones del aliento sobre la arcilla. El sujeto metafórico reducido al límite de su existir precario, se vuelca sobre un espacio exangüe, no organizado en la monarquía imaginativa del espacio contrapunteado, donde las palabras como guerreros yertos, se esconden bajo capa de geológica ceniza.

Que la valoración de los enlaces históricos y de la estimación crítica, tenía que ir forzosamente a un nuevo planteamiento, era cosa esperada con júbilo. Un Ernest Robert Curtius o un T. S. Eliot lo anticipan con indicios e intuiciones.

Con el tiempo, nos dice Ernest Robert Curtius, resultará manifiestamente imposible emplear cualquier técnica que no sea la de la «ficción».

Es decir, añadimos nosotros, que los estilos y las escuelas, la figura central imaginaria y las voces corales, los que iniciaron formas de expresión o los que amortiguaron decadencias, tienen que realizar, de acuerdo con las nuevas posibilidades de una apreciación más profunda y sutil, su periplo y el relieve de sus adquisiciones. Ahora bien, esa técnica de la «ficción», no tiene nada que ver con la crítica de la evocación, puesta de moda por Walter Pater en sus estudios sobre Joachin du Bellay o Watteau. Una técnica de la ficción tendrá que ser imprescindible cuando la técnica histórica, no pueda establecer el dominio de sus precisiones. Una obligación casi de volver a vivir lo que ya no se puede precisar.

En el período correspondiente a la novelística de Joyce, la crítica asomó sus perplejos, se encontró sofocada por la elemental cuestión de los géneros, de un realismo que creaba su propia realidad, de una filología manejada por la sanguínea reventazón de una gigantomaquia primitiva. Eliot valoraba esa obra considerada caótica, precisamente por oponerse al caos de nuestra época, buscando el reverso de los mitos.

> La psicología, nos dice Eliot, (tal cual es, y nuestra reacción sea cómica o seria), la etnología, y *La rama dorada*, han concurrido a hacer posible lo que era imposible hasta hace unos pocos años. En lugar del método narrativo, debemos usar ahora el método mítico.

Sabemos que en el caso peculiar de Mr. Eliot, el método mítico era más bien mítico crítico, conforme a su neoclasicismo *a outrance*, que situaba en cada obra contemporánea la tarea de los glosadores para precisar su respaldo en épocas míticas, pues él es un crítico pesimista de la era crepuscular. Pesimista en cuanto él cree que la creación fue realizada por los antiguos y que a los contemporáneos solo nos resta el juego de las combinatorias. Es más, lo convierte en uno de los temas de su poema *East Coker*:

...Y lo que hay que conquistar
Por la fuerza y la sumisión ha sido ya descubierto
Una, o dos, o varias veces, por hombres a los que no puede
esperarse
Emular —pero no hay competencia—
Solo existe la lucha por recobrar lo que se ha perdido
Y encontrado y vuelto a perder muchas veces, y ahora en con-
diciones
Que parecen propicias. Pero tal vez ni ganancia ni pérdida
Para nosotros, solo existe el intento. El resto es cosa nuestra.[1]

Eliot pretende, en realidad, no acercarse a los nuevos mitos, con respecto a los cuales parece mostrarse dubitativo y reservado, o a la vivencia de los mitos ancestrales, sino el resguardo que ofrecen esos mitos a las obras contemporáneas, los que le otorgan como una nobleza clásica. Por eso, su crítica es esencialmente pesimista o crepuscular, pues él cree que los maestros antiguos no pueden ser sobrepasados, quedando tan solo la fruición de repetir, tal vez con nuevo acento. Apreciación cercana al pesimismo spengleriano y al eterno retorno que asegura en la finitud de las combinatorias, el posible *ricorsi*.

Nuestro método quisiera más acercarse a esa técnica de la ficción, preconizada por Curtius, que al método mítico crítico de Eliot. Todo tendrá que ser reconstruido, invencionado de nuevo, y los viejos mitos, al reaparecer de nuevo, nos ofrecerán sus conjuros y sus enigmas con un rostro descono-

---

1   El poema en cuestión tiene numerosas traducciones al castellano. Lezama cita la de José Gaos, de 1951. (N. del E.)

cido. La ficción de los mitos son nuevos mitos, con nuevos cansancios y terrores.

Para ello hay que desviar el énfasis puesto por la historiografía contemporánea en los culturas para ponerlo en las eras imaginarias. Así como se han establecido por Toynbee veintiún tipo de culturas, establecer las diversas eras donde la imago se impuso como historia. Es decir, la imaginación etrusca, la carolingia, la bretona, etc., donde el hecho, al surgir sobre el tapiz de una era imaginaria, cobró su realidad y su gravitación. Si una cultura no logra crear un tipo de imaginación, si eso fuera posible, en cuanto sufriese el acarreo cuantitativo de los milenios sería toscamente indescifrable.

Sobre ese hilado que le presta la imagen a la historia, depende la verdadera realidad de un hecho o su indiferencia e inexistencia. Cuando en *La Chanson de Roland*, se consigna con gran precisión que en la conquista de Zaragoza, Carlomagno tenía doscientos veinte años; cuando vemos que los sarracenos juran por Apolo y por Mahoma; cuando al vencer Roldan a un árabe afirma que «le sacó el alma con la punta de la lanza», son todos hechos gravitados por la era carolingia, por un tipo de imaginación hipostasiada. Las hagiografías de las tribus franco germanas, la gran batalla de Carlos el Martillo, el misterio de las catedrales con sus símbolos esotéricos pitagóricos, son manifestaciones de una era que podemos llamar de la imaginación carolingia, donde la fuerte *liaison* teocrática, favorecía los prodigios y las islas de maravillas... El pueblo de Dios tenía la verdad imaginativa de que el elegido, el llamado, no tenía que dar cuenta a la realidad con un causalismo obliterado y simplón.

Sorprendido ya ese cuadro de una humanidad dividida por eras correspondientes a su potencialidad para crear imágenes, es más fácil percibir o visualizar la extensión de ese contrapunto animista donde se verifican esos enlaces, y el riesgo o la simpatía en la aproximación del sujeto metafórico... Esa sorpresa de los enlaces establece como una suerte de causalidad retrospectiva. Si subrayamos en Rilke: pues nosotros, cuando sentimos, evaporamos. Si nos encontramos después, en el que es para nosotros el más bello de los monólogos de Hamlet: Que este cuerpo sólido, demasiado sólido, no pueda disolverse en rocío. Si después leemos en Suetonio, que el emperador Augusto, para significar que estaba enfermo, consignaba: me encuentro en estado vaporoso. A través de esos enlaces retrospectivos, precisamos la vivencia de la *aporroia* de los griegos, de su concepto de la evaporación, y como esa tendencia para el anegarse en el elemento neptunista o ácueo del cuerpo, ha estado presente con milenios de separación, en un poeta contemporáneo, en un monólogo de Hamlet, en los peculiares modos de conversación de un emperador romano y en los conceptos movilizados casi con fuerza oracular por el pueblo griego.

Otro de los recursos que podemos utilizar para la búsqueda de esas entidades naturales o culturales imaginarias, son las formas sutiles aconsejadas por Klages para adquirir una total diferencia entre recordación y memoria. Recordar es un hecho del espíritu, pero la memoria es un plasma del alma, es siempre creadora, espermática, pues memorizamos desde la raíz de la especie. Aun en la planta existe la memoria que la llevará a adquirir la plenitud de su forma, pues la flor es la hija de la memoria creadora. Klages adelanta un curioso ejemplo. Si me noticio que los fósforos fueron invencionados en 1832, consigo apuntalar una capa más al olvido. Pero si lo acompaño con la fecha igual de la muerte de Goethe, y su frase ¡más luz!, es difícil que se me vuelva a escapar la diminuta alabanza dática del hallazgo del fósforo. No en balde, los alemanes consideran los procedimientos para memorizar como formas del «witz», del ingenio.

Otro ejemplo más cercano, para el posible que es la fricción de un hecho inolvidable con otra pura insignificancia, el que motiva la gracia de la memorización por oportuna. Está sacado de cosas que nos atañen empujadas con ajenos orgullos. En 1868, la pequeña hija de Marcelino Sautuola, gritó a la entrada de las cuevas de Altamira, ¡toros! ¡toros! comenzando la ríspida historia del bisonte pelumbroso. Si un criollo nuestro quisiera memorizarla asociaría ese hecho al grito de Yara, 1868. Si por el contrario es un hispano el que quisiera memorizar algunas de nuestras gestas la asociaría a la historia de aquel descubrimiento, el perro perdido, los bloques que se separan, el tamaño de la entrada que permite la visión de una pequeña, etc. Lo más desconocido, que hace ondular como un inasible trigal, tiene que ser fijado por el hecho más enclavado y aún soterrado. De esa manera, parece como si la memoria al afincarse sobre un hecho por ella muy bien guarnido, está como en acecho de ser emparejada con otro hecho más lejano y retador. Así, el prodigio de ese análogo nemónico es que balancea los dos platillos, buscando el fiel con un desconocido oscilante y cruel...

El dato sorpresivo, sorpresa de chispa en un macrocosmos, que buscan ansiosamente su par, que se lanza a completar la extensión de una piel, que la visión no puede ceñir, pero que la memoria del germen nos acostumbra a saludar como un absoluto. Suetonio, señala los auspicios y los presagios en Augusto.

Si por la mañana le ponían en el pie derecho el calzado del izquierdo lo tenía a mal presagio.

¿Cómo es posible tan lamentable equivocación en una servidumbre imperial? ¿Era una defensa de los libertos para atemorizar graciosamente al Emperador? ¿El calzado en Roma era uniforme para ambos pies? Nos damos cuenta que hay un ansia de paridad en aquella sorpresa que recogía un dato como una golosina incongruente. Ese dato es germinativo, como la memoria que traza en cada flor su palacio de pulimentados cangilones. Ese dato mira como *dramatis personae*, presumiendo que en un fulgurante mutis, las luces van a proyectar sobre él su cara de momentánea *prima donna*, que la verdadera «primera» mirará como una usurpación cuando ya ha desaparecido la impostora pintarrajeada. Con esa sorpresa de los enlaces, con la magia del análogo metafórico, con la forma germinativa del análogo nemónico, con la memoria sorpresa lanzada valientemente a la búsqueda de su par complementario, que engendra un nuevo y más grave causalismo, en que se supera la subordinación de antecedente y derivado, para hacer de las secuencias dos factores de creación, unidos por un complemento aparentemente inesperado, pero que les otorga ese contrapunto donde las entidades adquieren su vida o se deshacen en un polvo arenoso, inconsecuente y baldío. Con esos elementos de enjuiciamiento y creación, capaces de cumplimentar los nuevos planteamientos que necesitan las obras de arte en nuestra época, se adquirían tan sorprendentes perspectivas, que muchos hechos artísticos realizarían entonces su verdadero nacimiento. Por ejemplo, a medida que la valoración histórica se hacía más imposible, en el caso de la Guerra de Troya, digamos por la neblina de los milenios y la confusión de los métodos, al no poderse liberar éstos del acarreo de las valoraciones de cada época se hizo más necesario precisar la intervención de Hesíodo y Homero, en la formación de los dioses helénicos. Había que precisar que la cultura griega se debía tanto a lo histórico como a lo mítico, quizás más a la cólera de Aquiles y a la oscuridad de Edipo, que a la sencilla semilla germinativa de Júpiter.

Nos acercamos a esos problemas de las formas con el convencimiento de que el sujeto que interviene en forzosas mutaciones destruye el pesimismo encubierto en la teoría de las constantes artísticas. Nuestro punto de vista parte de la imposibilidad de dos estilos semejantes, de la negación del desdén a los epígonos, de la no identidad de dos formas aparentemente concluyentes, de lo creativo de un nuevo concepto de la causalidad histórica, que destruye el pseudo concepto temporal de que todo se dirige a lo contemporáneo, a un tiempo fragmentario. Si contemplamos la Diana de Efeso con su tendencia a la multiplicación, que nos hace pensar en la reducción de una diosa Siva, derivándose de ahí una constante histórica, es decir, siempre que haya un encuentro de pensamiento y de formas entre el Oriente y el Occidente, como en el siglo I y II a. de C., se repetirán esas formas tendientes a los excesos y a las multiplicaciones. De ahí se derivaba un furibundo pesimismo, que tiende, como en el eterno retorno, a repetir las mismas formas estilísticas formadas con iguales ingredientes o elementos. He ahí el germen del complejo terrible del americano: creer que su expresión no es forma alcanzada, sino problematismo, cosa a resolver. Sudoroso e inhibido por tan presuntuosos complejos, busca en la autoctonía el lujo que se le negaba, y acorralado entre esa pequeñez y el espejismo de las realizaciones europeas, revisa sus datos, pero ha olvidado lo esencial, que el plasma de su autoctonía, es tierra igual que la de Europa. Y que las agujas para el rayo de nuestros palacios, se hacen de síntesis, como la de los artesanos occidentales, y que hincan, como el fervor de aquellos hombres, las espaldas de un celeste animal, igualmente desconocido y extraño. Lo único que crea cultura es el paisaje y eso lo tenemos de maestra monstruosidad, sin que nos recorra el cansancio de los crepúsculos críticos.

Paisaje de espacio abierto, donde no se alzará, como en los bosques de la Auvernia, la casa del ahorcado.

Lo primero que nos despierta en el *Popol Vuh*,[2] es el predominio del espíritu del mal, los señores de Xibalbá ven rodar los mundos, afianzándose su poderío y su terrible dominio de la naturaleza. Impasibles contemplan el fracaso de cuantas tretas se establecen para echar a rodar su mandato, que parece estar implacablemente por encima de la naturaleza y de los animales más sutiles. En la historia de la cultura, solo Piotr Stepanovich, en *Los Endemoniados*, de Dostoyevski, mantiene más incorruptible el espíritu del mal. En la cueva de los murciélagos, en una astuta maniobra que hubiera sido cara a Ulises, para librarse los dos hermanos del espíritu, cuya sola presencia mata, se introducen en sus cerbatanas, pero al buscar la aurora un murciélago le cercena la cabeza. Solo un acto de magia, hecho por mendigos, por juglares primitivos diríamos, logra destruir a los señores de Xibalbá, en las últimas páginas de esa teogonía, cuando el espíritu del mal se hace equivalente del espíritu de la muerte, y un afán lúdico, de jugar con su propia existencia, en definitiva los destruye y asegura la luz y lo matinal.

La simbólica que se desprende del *Popol Vuh*, parece como si fuese a colmar el problematismo americano. A calmar, a veces, pues en otras lo exaspera. Mientras el espíritu del mal señorea, los dones de la expresión aparecen lentos, errantes y somnolientos. Antes del surgimiento del hombre, le preocupan los alimentos de su incorporación. Parece como si preludiase la dificultad americana de extraer jugo de sus circunstancias. Busca una equivalencia: que el hombre que surgirá será igual que sus comidas. Parece sentar un apotegma

2   Véase el prólogo de Adrián Recinos al *Popol Vuh*, Barcelona, Linkgua ediciones, 2024. (N. del E.)

de desconfianza: Primero, los alimentos; después, el hombre. Esa prioridad, engendrada por un pacto entre la divinidad y la naturaleza, sin la participación del hombre, parece como si marcase una irritabilidad y un rencor, la del invitado a viandas obligadas, sin las elegancias de una consulta previa para los espirituosos y las preferencias palatales. Es evidente, por lo demás, que las viandas serán presentadas con el adobo conveniente: *el rocío del aire y la humedad subterránea.*

Pero fijaos bien en esa distinción. No es la creación de la naturaleza, de los animales, primero que el hombre, lo cual es frecuente en todas las teogonías, lo que sorprende, sino que al hablarse de alimentos, parece como si el espíritu del mal quisiese obligarnos a comer alimentos, donde la hostil divinidad, y no el hombre, ha sido la consultada. Además, el *dictum* es inexorable, si no se alimenta del plato obligado, muere.

Rebuscado el poema por tantos copistas aguerridos, que han rebajado sus espuelas y su furibundez, por tanto jesuita irritado por la sutileza de los desciframientos de la simbólica cristiana en el suarismo, nos lleva a pensar en adecuaciones, interpolaciones, paralelismos, hechos en el *Popol Vuh.* Desde la inexpresividad del morador que surge en aquellas nuevas regiones, hasta los juegos y destrezas de los mendigos, recorrido todo ello por la maldad de los señores de Xibalbá, nos recorre la sospecha de que el tono de incompletez y espera que salta en cada uno de sus versículos, está logrado para alcanzar su complementario en la arribada de los nuevos dioses.

El odio de los señores de Xibalbá al ser surgido en su propia naturaleza es patético y asombroso. El odio a la criatura, irredimible. La expresividad surge como una lenta concesión temerosa, que en cualquier momento puede ser rebanada con impiedad. Surgen los animales en las primera páginas del *Popol Vuh*, pero se muestran inertes, fieles como las rocas al declive que las gravitó. Son ciegos, insensibles, desordenados y desconcertados, tropezones. Los dioses, con incomprensible irritación, se empeñan en que digan nombres y entonen sus alabanzas. Había que buscar el aliento, la palabra, el insuflado espíritu, y aquí surge ya el problematismo, logran la palabra en una nueva criatura, pero pagando el precio de su cuerpo, «los muñecos, dice el poema, no podían permanecer en pie, porque se desmoronaban, deshaciéndose en agua». Los muñecos al fin hablan, pero carecen de conciencia y de sentido. Reemplazan la arcilla por la madera, pero entonces faltaba, ay, el corazón. Fracasado ese intento de los dioses, ordenaron la lluvia de ceniza, y de nuevo, el agua de los comienzos. Surgida la nueva criatura, es ahora la naturaleza irritada, incontenible, la que presenta el perfil de su cuchillo.

El descubrimiento del poema, en el siglo XVIII, por el padre Jiménez, nos lleva a aventurar una tesis: las teogonías de las epopeyas indias, búdicas, etc., así como las recopilaciones confucianas, habían llegado a la Europa por los jesuitas, después de las querellas con los otros misioneros cristianos, prestos éstos a la chinificación de los rostros en los íconos cristianos. Ese momento, muy mal estudiado todavía y de enorme significación, culmina cuando el padre Tellier es escogido entre los nombres de los cinco o seis jesuitas que el padre Chaise, confesor del rey durante treinta y dos años, le brinda agonizando al rey Luis XIV, para la sucesión de su confesor. En sus *Memorias* Saint Simon, hablando del padre Tellier dice:

Había pasado por todos los grados de la compañía, profesor, teólogo, rector, provincial, escritor. Había sido encargado de la defensa del culto de Confucio y de las ceremonias chinas, había agotado la polémica, había escrito un libro donde mostraba extraños negocios a los suyos, y que a fuerza de intrigas y de la ayuda de Roma, no había sido puesto en el index. Por todo eso yo he dicho que había hecho peores cosas que el padre Comte, teólogo que había defendido la política de los jesuitas en China, condenada por la Facultad de teología de París, y por el Parlamento, y es sorprendente que a pesar de toda esa tara, haya sido confesor del rey.

Sabido es que a través del molinismo, que intentaba unir la gracia y la libertad, hubo benévolos contactos entre jesuitas franceses y españoles. De tal manera, que en el *Popol Vuh*, a través de copistas jesuitas y graciosos filólogos españoles del siglo XVIII, nos parece percibir como un eco de la lucha entre los pandavas y los kuravas. Las disputas entre Brahma y Siva, que terminan por la decapitación del primero, atravesando los tres mundos con la cabeza en la mano, como un san Dionisio. Al llegar a Varanosi y rodar de sus manos la cabeza de Brahma, libera su culpa y borra la sangre. Ese pasaje pasa a las últimas páginas del *Popol Vuh*. Para recapturar la cabeza de Hunapú, rebanada por acuchilladores murciélagos, su hermano Ixbalanqué acerca una calabaza a los hombros de su hermano muerto, estableciendo con un pedernal los agujeros de la cara. Esos jesuitas galantes y humanistas, no solo se encrespan con las tumultuosas teogonías indias, sino el recuerdo de la mitología odiseica es transuflado al *Popol Vuh*. El gran cangrejo, que aparece a los pies de la montaña de Meaván, «de tan gran tamaño que puede nutrir a un hombre varios días», es también un gigante a vencer, un gigante frente a otro. Zipacná, pierde la partida con el cangrejo en su cueva, a pesar de seguir al pie de la letra los consejos que le dictan, «solo entrando boca abajo y arrastrándose con cautela sobre la tierra será posible cogerlo». Es innegable que el recuerdo del Polifemo homérico y de otros Polifemos, está presente, y aunque pierde la partida, apareciendo como la inversión de la fábula, nos deja con la duda si el Polifemo es el cangrejo o Zipacná el engañado. He ahí la gran astucia de estos escribas jesuitas del siglo XVIII, en el combate que se iba a desenvolver en la cueva, convenía que no quedase ningún sobreviviente, y en esta extraña polifemaida no había ni la posibilidad dionisiaca de Ulises, asegurándose no tan solo la muerte del monstruo sino la del héroe astuto. Uno a uno, ante los hermanos enemigos, los sombríos señores de Xibalbá se han burlado de la astucia y de la lucidez. Los señores de Xibalbá desean ser vencidos más por la magia que por la inteligencia, o por Odiseo, fecundo en recursos.

En esas primeras teogonías el conejo y el colibrí son animales preferidos para estar más cerca del fuego y de las tretas. En la enloquecida persecución de los Gemelos a los animales, logran apresar momentáneamente al conejo, pero éste se deshizo entre los dedos como si fuese rocío de niebla. He ahí la graciosa explicación de porqué el conejo usa el rabo corto. Cuando Ixbalanqué lanza la pelota por encima de los gimnastas, para burlar el ceño furibundo de los señores de Xibalbá, es el conejo el que la recoge y se pierde en el bosque, borrando las huellas con las patas posteriores. Hecho de importancia radical, pues lo aprovecha Ixbalanqué, para coger la cabeza de Hunapú y ponerla sobre un cuerpo decapitado, poniendo la calabaza que la reemplazaba sobre el muro. El colibrí, en el origen del fuego en las tribus ecuatorianas, como esbozamos anteriormente, logra burlar las astucias de Tacquea. Se moja las alas para burlar la puerta entreabierta de Tacquea, cuchilla para los robadores del fuego. Por su centelleante brevedad, que le impedía llevarse un tizón de fuego, pasea las plumas de su cola por las llamas, de donde vuela al makuna o árbol de corteza muy seca, de ahí salta y se irisa por los tejados, exclamando:

¡Aquí tenéis el fuego! Tomadlo pronto y llevadlo todos...

En donde vemos al gracioso colibrí en el *role* de la giganto-maquia prometeica.

Si revisamos una colección de cantos chalquenses, cantos esencialmente guerreros de una tribu mexicana, lo primero que sorprendemos son las rodelas, el grito herido de las águilas, el ojo de la venganza, las perentorias llamadas del tamboril, sucumbir bajo las flores del aretillo colgante, del caballito del diablo, de los zarcillos y las guirnaldas paradisíacas:

la rosa rodela y el arbusto aretillo colgante os darán fuerzas, nobles esclarecidos. Con sartas de rosas y flores de amaranto, en vuestras manos, seréis glorificados. Con cantos y flores a la altura de vuestros pechos, seréis estimados y bien recibidos a la hora del incendio de las batallas.

Cantos chalquenses, colección de Ortiz Montellano.

Dos tipos de imaginación resaltan en esas teogonías paradojales y en esos cantos guerreros, más llenos de sosiego refinado que de bélico ardor: la imaginación provenzal, que tiende como en la cacería del unicornio a la muerte del monstruo. Paisaje de venatorias, de juego de tablas y torneos, de *gaya scienza.* Los mismos presagios colombinos son recuerdos de las palomas minervinas. Mapas de ciudades desconocidas, delicada jardinería que las ciudades cuanto más oníricas más diseñan. En el momento de la tensión del disfrute que se avecina, el Almirante graba en su cuaderno:

Vieron pasar una cofia y un palo, y tomaron otro palillo labrado, a lo que parecía, con hierro, y un pedazo de caña y otra yerba que nace en tierra, y una tablilla.[3]

Donde parece coincidir la delicadeza provenzal con el primor minucioso de la lámina china, afanosa del relieve de cada hoja y de cada plantación de bambú.

En la otra estación imaginativa, los monstruos son colocados en la tierra desconocida, en la incunnábula. Yo le llamaría a la fiebre que recorrió a la Europa prerrenacentista, la imaginación de Kublai Kan, desatada par los viajes de Marco Polo a Cipango. La imaginación de un imperio centrado en una nueva ciudad, por una dinastía que se inicia, donde situar los monstruos como *nuevas maravillas del mundo*. Las sonajeras en el combate de los chalquenses, parecen recordar las instrucciones musicales de Kublai Kan, para entrar en el combate.

Tan pronto como se disponía el orden del combate, los músicos hacían sonar un número infinito de instrumentos de viento, atabales y chirimías, y todos cantaban a toda voz, según la costumbre de los tártaros antes de entrar en la lucha. No comenzaban a pelear antes de oír la señal emitida por címbalos y tambores, y era tal el tañer de címbalos y el golpear de tambores y tal el canto, que era maravilla para el oído.[4]

---

3   Cristóbal Colón, *Diario de a bordo. Primer viaje*, Barcelona, Linkgua ediciones, 2024. (N. del E.)
4   Desconoces la fuentes de esta cita. (N. del E.)

Todavía en la época de Coleridge, precisado por las nubes marmóreas del opio, la ciudad de Kublai Kan, mantenía sus emblemáticos poderes imaginativos. Se buscaba por todas partes algo mongólico, bárbaro y desusado, que calmase el cansancio de la dinastía de los Sung. La intimidad que guía a los hombres de la conquista es el encuentro de una sangre nueva o bárbara, que en plena entrada del Renacimiento, aportase el nuevo fervor. Se diría que en las cortes de Juan II, de Francisco I, de Enrique VIII, había el deseo de encontrar los nuevos mongoles, los nuevos bárbaros, la nueva sangre. Esa apetencia de imaginaria búsqueda mongólica, unida a los restos de los de imaginación provenzal, traía aparejado el concepto del «salvaje bueno», y posteriormente de las «indias galantes» en la época ya remansada de Couperin, donde el cansancio de la imaginación europea había descendido de la búsqueda de la *bondad* al encuentro de las delicias.

La imaginación de Kublai Kan está vivaz y en relumbre en nuestros días. Cuando en *La tierra purpúrea*, de Hudson, el relato de los estancieros en lo inverosímil y desusado, llega a la gran serpiente lampalagua, del tamaño de un muslo de hombre, que absorbe el aire, a través de la distancia, poniendo en camino la presa, hasta adentrarse por la cueva de su garganta, retrocede a la era de la imaginación Kublai Kan. Los prodigiosos animales del Katmandú, en la Persia de Marco Polo, dirigen con su red imaginaria la aparición de las otras «maravillas del mundo». La «niebla seca» ya prepara la trampa para los viajeros desusados, que abandonados a sus deleites ingenuos, se sienten rodeados del polvo y de envolvente oscuridad, hasta que despiertan entre flecha, y la mano de humo dulce, que comienza a ceñirlos y a desangrarlos.

Esa imaginación elemental propicia a la creación de unicornios y ciudades levantadas en una lejanía sin comprobación humana, nos ganaba aquel calificativo de niños, con que nos regalaba Hegel en sus orgullosas lecciones sobre la *Filosofía de la historia universal*, calificativo que se nos extendía muy al margen de aquella ganancia evangélica para los pequeñuelos, sin la cual no se penetraba en el reino. Hay allí una observación, que no creo haber visto subrayada, que es necesario crear en el americano necesidades, que levanten sus actividades de gozosa creación. Además de la función y el órgano, hay que crear la necesidad de incorporar ajenos paisajes, de utilizar sus potencias generatrices, de movilizarse para adquirir piezas de soberbia y áurea soberanía.

Recuerdo haber leído, dice Hegel con una displicencia casi exenta de ironía, que a medianoche un fraile tocaba una campana para recordar a los indígenas sus deberes conyugales.

¿Han meditado en lo que implica esa testaruda afirmación de Hegel, de desarrollar en el americano, el concepto y la vivencia de la necesidad? La gana española que pasa a nosotros como desgana, falta de rechazo y aproximación. La gana española es una manifestación de signo negativo, no tener ganas en el español es apertrecharse para una resistencia si alguien pretende sacarlo de sus apetencias. En el desgane americano hay como un vivir satisfecho en la lejanía, en la ausencia, en el frío estelar ganando las distancias dominadas por el impersonal rey del abeto.

Es muy significativo que tanto los que hacen crónicas sin letras, un Bernal Díaz del Castillo, como los misioneros latinizados y apegados a las sutilezas teologales, escriben en prosa de primitivo que recibe el dictado del paisaje, las sorpresas del animal si descubierto, acorralado. Se percibe en las primeras teogonías americanas, aun en los cantos guerreros, un no resuelto, un quedarse extasiado ante las nuevas apariciones de las nubes. Es muy curioso que en las tribus precortesinas hay el convencimiento de que alguien va a venir, se está en la espera de la nueva aparición. Sin embargo, en los cronistas el asombro está dictado por la misma naturaleza, por un paisaje que ansioso de su expresión se vuelca sobre el perplejo misionero, sobre el asombrado estudiante en quien la aventura rompió el buen final del diploma de letras.

Al extremo de que cuando la batalla se establece sobre el retrato de primores, minucias trabajadas con alucinación, los indios sorprenden en los campamentos y en las tertulias levantadas en el fanal de proa. La cornucopia solemne y ceremoniosa, abierta ante Cortés, los deslumbra y achica,

> lo primero que vio, dice Bernal Díaz del Castillo, una rueda de hechura de Sol de oro muy fino, que sería tamaño como una rueda de carreta, con muchas maneras de pinturas, gran obra de mirar.[5]

Todo esto haría pensar a los españoles en las embajadas persas ante el papa, en la llegada de los hermanos Polo a la remota Cipango. Existe por parte de los aztecas como un afán cruel, de secreto desdén, en abrumar lo necesario imprescindible, la pobreza castellana, la enjutez de las naos avisadas tan solo para el botín. Y luego, «otra mayor rueda de plata, figurada la Luna, y con muchos resplandores y otras figuras en ella». Ante ese vuelco del primor obsequioso, se percibe a Cortés atolondrado, vacilando para lograr la igualdad con

5 Bernal Díaz del Castillo, *Historia verdadera de la conquista de la Nueva España*, Barcelona, Linkgua ediciones, 2024. (N. del E.)

aquellos hechizos. Cortés debe haberse considerado obligado a extraer de sus valijas y secretos, esa escondida obra muy querida, que todos llevamos en los viajes, una hoja inicialada, un cuchillo con volante medialuna. El hidalgo castellano, que aun en su pobreza, extrema el sacrificio al devolver la embajada, envía «una copa de vidrio de Florencia, labrada y dorada con muchas arboledas y monterías que estaban en la copa». Momentánea tregua del señorío, en que compiten los primaverales cuarteles del envío y el despliegue, lujoso, como en ese primer movimiento de los guerreros al enfrentarse, en el que desenredan un garbo, o sueltan el halcón tan solo por la fiesta de su amarillo candela.

La primera embajada de Moctezuma había sido plástica y detallada. ¿Por qué se perdieron esos primeros retratos que los artistas de Moctezuma hacían de Cortés y sus capitanes? Exquisitos artistas se solazan no tan solo en los nuevos rostros, sino pintan lebreles, pelotas y los desconocidos caballos. Cortés, antes del cambio ceremonioso de la obsequiosidad, les juega la broma por el susto. Manda que se preparen las lombardas para el trueno gordo, rodado por la garganta de los roquedales. Los enviados plásticos, después del natural asombro, se aplicaron a pintar el mismo trueno, que es prueba de adelantar al enemigo, asegurándole en el diseño previo y la previsión topográfica.

La relación de los cronistas no lo consigna, pero el asombro de Cortés debe haber sido crecido y temeroso en secreto, ver aquellos embajadores plásticos, afanosos de copiar su ejército hombre por hombre, todas las piezas y animales. Tampoco se consigna el natural júbilo tribal, de ver llegar aquel ejército reducido por la miniatura y el doble. Aquellas danzas de la muerte que se deben haber trenzado entre los retratados, los doblados, sabiendo cómo agrupar las flechas para cada rostro. Sutilizadas las vanguardias guerreras por aquel doblaje plástico, se comprende por qué a Cortés, cuando llegaron los envíos de la obsequiosidad mayor y lujosa, no le quedó más remedio que echarle mano a aquella copa florentina, recorrida de arboledas y floridas venatorias.

Por esa falta de apostilla para lo que después va a interesar a otras secularidades, no tenemos noticias suficientes ni desarrollos de aquellos casos de españoles colonizados por los indios, como aquel Gonzalo Guerrero, que no quiso ganarse el destino de Aguilar, el traductor. Ya casado, ya con tres hijos, ya con las orejas horadadas. Y también cacique. Además, tranquila y eficazmente dominado por su mujer, que cuando Aguilar, el traductor, intenta sonsacarlo, le dice:

Mira conqué viene este esclavo a llamar a mi marido; idos vos y no curéis de más pláticas.

Eran los hombres sin insistencias humanísticas los que podían captar el asombro, el nuevo unicornio, que no regresaba para morir; la gran serpiente, y no marina, aspirante tromba de aire, que desde la lejanía, ordena los deseos de su incorporación, con fruitivos espasmos para el anhelo que no ha sido visto. Los hombres del gran enchape clásico, un Mateo Alemán, un Gutierre de Cetina, refugiados en México, balbucean, hacen ejercicios de pronunciación, o se pierden en lances coloniales de escalas de seda y farol tuerto. Devorados por la mitología grecorromana, por el periodo tardío de sus glosadores, no podían sentir los nuevos mitos con fuerza suficiente para desalojar de sus subconsciencias los anteriores. Dos mitos, sin embargo, en las últimas treguas de la colonización y en las primeras de los virreinatos, recorren las obras del barroco incipiente, del despertar americano para la acumulación y la saturación. El mito de Acteón, a quien la contemplación de las musas lo lleva a metamorfosearse en ciervo, durmiendo con las orejas tensas y movientes, avizorando los presagios del aire. El otro mito tomado de Plinio, sobre la vigilancia de las águilas, que alejan el sueño con una garra levantada, sosteniendo una piedra para que al caer se vuelva a hacer imposible el sueño. Símbolos de astucia, de cautela o resguardo ¿qué enemigos justificaban esa vigilancia extremada? ¿Se iba realizando aquella monarquía universal, aquella luz de imperio, aquella Ecumene prometida? Muy al contrario, aflojado aquel centro metropolitano, la escenografía con sus gárgolas de cartón sudado, con la reina disfrazada de la pastora Marcela y el rey de niño amor, ocupaba sitio donde el hombre avanza dentro de la naturaleza, acompañándose tan solo del ruido de sus propios pasos naturales para alcanzar la gracia sobrenatural.

II. La curiosidad barroca

Cuando era un divertimento, en el siglo XIX, más que la negación, el desconocimiento del barroco, su campo de visión era en extremo limitado, aludiéndose casi siempre con ese término a un estilo excesivo, rizado, formalista, carente de esencias verdaderas y profundas, y de riego fertilizante. Barroco, y a la palabra seguía una sucesión de negaciones perentorias, de alusiones deterioradas y mortificantes. Cuando en lo que va del siglo, la palabra empezó a correr distinto riesgo, a valorarse como una manifestación estilista que dominó durante doscientos años el terreno artístico y que en distintos países y en diversas épocas reaparece como una nueva tentación y un reto desconocido, se amplió tanto la extensión de sus dominios, que abarcaba los ejercicios loyolistas, la pintura de Rembrandt y el Greco, las fiestas de Rubens y el ascetismo de Felipe de Champagne, la fuga bachiana, un barroco frío y un barroco brillante, la matemática de Leibniz, la ética de Spinoza, y hasta algún crítico excediéndose en la generalización afirmaba que la tierra era clásica y el mar barroco. Vemos que aquí sus dominios llegan al máximo de su arrogancia, ya que los barrocos galeones hispanos recorren un mar teñido por una tinta igualmente barroca.

De las modalidades que pudiéramos señalar en un barroco europeo, acumulación sin tensión y asimetría sin plutonismo, derivadas de una manera de acercarse al barroco sin olvidar el gótico y de aquella definición tajante de Worringer: el barroco es un gótico degenerado. Nuestra apreciación del barroco americano estará destinada a precisar: primero, hay una tensión en el barroco; segundo, un plutonismo, fuego originario que rompe los fragmentos y los unifica; tercero,

no es un estilo degenerescente, sino plenario, que en España
y en la América española representa adquisiciones de lenguaje, tal vez únicas en el mundo, muebles para la vivien-
da, formas de vida y de curiosidad, misticismo que se ciñe a
nuevos módulos para la plegaria, maneras del saboreo y del
tratamiento de los manjares, que exhalan un vivir completo,
refinado y misterioso, teocrático y ensimismado, errante en
la forma y arraigadísimo en sus esencias.

Repitiendo la frase de Weisbach, adoptándola a lo americano, podemos decir que entre nosotros el barroco fue un
arte de la contraconquista. Representó un triunfo de la ciudad y un americano allí instalado con fruición y estilo normal de vida y muerte. Monje, en caritativas sutilezas teoló-
gicas, indio pobre o rico, maestro en lujosos latines, capitán
de ocios métricos, estanciero con quejumbre rítmica, soledad
de pecho inaplicada, comienzan a tejer en torno, a voltejear
con amistosa sombra por arrabales, un tipo, una catadura de
americano en su plomada, en su gravedad y destino. El primer americano que va surgiendo dominador de sus caudales
es nuestro señor barroco. Con su caricioso lomo holandés
de Ronsard, con sus extensas tapas para el cisne mantuano,
con sus plieguillos ocultos con malicias sueltas de Góngora o de Polo de Medina, con la platería aljorada del soneto
gongorino o el costillar prisionero en el soneto quevediano.
Antes de reclinar sus ocios, el soconusco, regalo de su severa
paternidad episcopal, fue incorporado con cautelas cartesia-
nas, para evitar la gota de tosca amatista. Y ya sentado en la
cóncava butaca del oidor, ve el devenir de los *sans culottes* en
oleadas lentas, grises, verídicas y eternas.

Ese americano señor barroco, auténtico primer instalado
en lo nuestro, en su granja, canonjía o casa de buen regalo, pobreza que dilata los placeres de la inteligencia, apare-

ce cuando ya se han alejado del tumulto de la conquista y la parcelación del paisaje del colonizador. Es el hombre que viene al mirador, que separa lentamente la arenisca frente al espejo devorador, que se instala cerca de la cascada lunar que se construye en el sueño de propia pertenencia. El lenguaje al disfrutarlo se trenza y multiplica; el saboreo de su vivir se le agolpa y fervoriza. Ese señor americano ha comenzado por disfrutar y saborear, pieza ya bien claveteada, si se le extrae chilla y desentona. Su vivir se ha convertido en una especie de gran oreja sutil, que en la esquina de su muy espaciada sala, desenreda los *imbroglios* y arremolina las hojas sencillas. Sala llamada galpón, y en noticias del Inca Garcilaso, tomada del lenguaje de las islas de Barlovento.

Los reyes incas, tuvieron esas salas tan grandes, dice el mismo Garcilaso, que servían de plaza para hacer sus fiestas en ellas cuando el tiempo era lluvioso.[6]

Ese señor exige una dimensión: la de su gran sala, por donde entona la fiesta, con todas las arañas multiplicando sus fuegos fatuos en los espejos, y por donde sale la muerte con sus gangarrias, con su procesión de bueyes y con sus mantas absorbiendo la lúgubre humedad de los espejos venecianos.

Si contemplamos el interior de una iglesia de Juli, una de las portadas de la catedral de Puno, ambas en el Perú, nos damos cuenta que hay allí una tensión. Entre el frondoso chorro de las trifolias, de emblemas con lejanas reminiscencias incaicas, de trenzados rosetones, de hornacinas que semejan grutas marinas, percibimos que el esfuerzo por alcanzar una forma unitiva, sufre una tensión, un impulso si no de verticalidad, como en el gótico, sí un impulso volcado

6   *Comentarios reales*, Barcelona, Linkgua ediciones, 2024. (N. del E.)

hacia la forma en busca de la finalidad de su símbolo. En la Basílica del Rosario, en Puebla, donde puede sentirse muy a gusto ese señor barroco, todo el interior, tanto paredes como columnas es una chorretada de ornamentación sin tregua ni paréntesis espacial libre. Percibimos ahí también la existencia de una tensión, como si en medio de esa naturaleza que se regala, de esa absorción del bosque por la contenciosa piedra, de esa naturaleza que parece rebelarse y volver por sus fueros, el señor barroco quisiera poner un poco de orden, pero sin rechazo, una imposible victoria donde todos los vencidos pudieran mantener las exigencias de su orgullo y de su despilfarro.

Vemos que en añadidura de esa tensión hay un plutonismo que quema los fragmentos y los empuja, ya metamorfoseados hacia su final. En los preciosos trabajos del indio Kondori,[7] en cuyo fuego originario tanto podría encontrar el banal orgullo de los arquitectos contemporáneos, se observa la introducción de una temeridad, de un asombro: la *indiatide*. En la portada de San Lorenzo, de Potosí, en medio de los angelotes larvales, de las colgantes hojas de piedra, de las llaves que como galeras navegan por la piedra labrada, aparece, suntuosa, hierática, una princesa incaica, con todos sus atributos de poderío y desdén. En un mundo teológico cerrado, con mucho aún del furor a lo divino tan medieval, aquella figura, aquella temeridad de la piedra obligada a escoger símbolos, ha hecho arder todos los elementos para que la princesa india pueda desfilar en el cortejo de las alabanzas y las reverencias.

7   A José Kondori se le atribuye la fachada de la basílica de San Lorenzo de Potosí, en Bolivia, labrada entre 1728 y 1744, en la que aparecen «indiátides» (cariátides con figuras indias).
Veáse Pedro Juan Vignale, «El maestro anónimo de la portada de San Lorenzo de Potosí», *El arquitecto peruano*, Lima, enero, 1946. (N. del E.)

Ese barroco nuestro que situamos a fines del XVII y a lo largo del XVIII, se muestra firmemente amistoso de la Ilustración. En ocasiones, apoyándose en el cientificismo cartesiano lo antecede. Los quinientos polémicos volúmenes que sor Juana tiene en su celda, que la devoción excesiva del padre Calleja, hace ascender a 4.000; muchos «preciosos y exquisitos instrumentos matemáticos y musicales», el aprovechamiento que hace para *Primero sueño*, de la quinta parte del *Discurso del método*; el conocimiento del *Ars Magna*, de Kircherio (1671); donde se vuelve a las antiguas súmulas del saber de una época, todo ello lleva su barroquismo a un afán de conocimiento universal, científico, que la acerca a la ilustración. En el amigo de la monja jerónima, don Carlos Sigüenza y Góngora, el lenguaje y la apetencia de física o astronomía, destellan como la cola de Juno. Figura extraordinariamente simpática, de indetenible curiosidad, de manirroto inveterado, de sotana enamorada, une la más florida pompa del verbo culto y el más cuidadoso espíritu científico. Su *Manifiesto filosófico contra los cometas*, su *Libra astronómica*,[8] justifican con la sorpresa de los nombres, la innovación en el verbo poético y el afán del conocimiento físico, de las leyes de la naturaleza, que van más allá de la naturaleza como tentación para dominarla como el Doctor Fausto.

Aquellas «maravillas del mundo», en el conquistador, reaparecen como el sorprendente «gabinete de física», de estos barrocos de la Ilustración. En el recuerdo del Palacio de Salastano, en Gracián,[9] surgen los primores del Brasil confitado, según su decir, mezclando los dijes de esencias senequistas con la corteza de una materia harinosa, realista, pletórica de inmediatez. No solamente en esa cercanía a la Ilustración,

---

8   Barcelona, Linkgua ediciones, 2024. (N. del E.)
9   *El criticón*, Barcelona, Linkgua ediciones, 2024. (N. del E.)

el barroco nuestro se particulariza con eficacia, si no en los intentos de falansterio, de paraíso, hecho por los jesuitas en el Paraguay. Con eso se volvía a una inocencia, que situaba nuestro barroco en un puro recomenzar. Y aunque en la Ilustración, un Voltaire, un Diderot, parecieron burlarse de esa obra de la Compañía, se nota en ella, el espíritu que por dos veces burló a ambos. Los jesuitas, con los padres Lejee y Poré,[10] maestros de Voltaire en las letras humanas, y a Diderot en las burlas, cuando lo de la Enciclopedia, en las que definitivamente salió burlado. Pero antes del nuevo paraíso, hablemos de la delicadeza de las fablas que lo preludian y transparentan.

Si observamos el eco hispánico al gongorismo, precisamos que ni Bernardo Soto de Rojas, con su lenta fruición y su extendida voluptuosidad, logra captar el chisporroteo, el fuego metálico de don Luis, haciéndolo andar por tantas puertas y compuertas frutales, que le disminuyen la intención; Trillo y Figueroa, se detiene en el soneto diletante, todo juego de magia verde, mientras Polo de Medina, detenido poco tiempo en los arrayanes de Murcia, se rinde al sombrío apólogo quevediano. Es en la América, donde sus intenciones de vida y poesía, de crepitación formal, de un contenido plutónico que va contra las formas como contra un paredón, reaparecen en

10 Lejee: así escribió Lezama, en su manuscrito, y no Sejee como consta en otras ediciones.
   Enrico Mario Santí ha dado con la clave: se trata de Gabriel François Le Jay (1657-1734), profesor de retórica, entre 1692 y 1711, en el Colegio Louis Le Grand, donde Voltaire fue su discípulo (Ira Owen Wade, *The Intelectual Development of Voltaire*, Princeton University Press, 1969). Parece una confusión de Lezama entre los nombres de (Charles) Segee (1528-1596, jesuita y profesor del Colegio de Clairmont) y (Joseph) Sieyes.
   Por otra parte el jesuita Charles Porée (1675-1741) fue el maestro de retórica y director del Colegio Louis Le Grand. (N. del E.)

el colombiano don Hernando Domínguez Camargo.[11] El mismo frenesí, la misma intención desatada, el mismo desprecio por lo que los vulgares consideran mal gusto.

Lo que hay de embriagador en el mal gusto, nos dice Baudelaire, es el placer aristocrático de desagradar.

Su «lugarteniente del pezón materno», tan reído por los pseudohumanistas peninsulares, está a la misma altura del «relámpago de risas carmesíes», y del «Baco en cama de viento está dormido». Sus banquetes de estrellas y de frutos nuevos, su pelota ignaciana, elogio de la pelota vasca jugada por hombres que aspiran a la bienaventuranza, el juego de billar entre un doctor de la Sorbona y san Ignacio, a treinta soles, para no decir tantos:

> Al tiempo pues en que el aro aprieta
> su marfil el doctor, con mano activa
> sin violarlo Loyola, una falqueta
> del trofeo al marfil opuesto priva,
> y calándose al aro ni viñeta,
> su bola por el truco fugitiva,
> tan lince penetró, tan encañada
> que en el bolsillo se quedó clavada.[12]

Más que una voluptuosidad, un disfrute de los dijes cordobeses y de la encristalada frutería granadina, en Hernández[13] Camargo el gongorismo, signo muy americano, aparece

11 Linkgua ediciones, Barcelona, 2010. (N. del E.)
12 Poema heroico, Libro IV, estrofa CLXII, Barcelona, Linkgua ediciones, 2024. La cita contienen una errata («bolsillo» por «bolillo»), y algunos cambios en la puntuación. (N. del E.)
13 Debiera decir «Hernando». (N. del E.)

como una apetencia de frenesí innovador, de rebelión desafiante, de orgullo desatado, que lo lleva a excesos luciferinos, por lograr dentro del canon gongorino, un exceso aún más excesivo, que los de don Luis, por destruir el contorno con que al mismo tiempo intenta domesticar una naturaleza verbal, de suyo feraz y temeraria.

Viene como un guión refrigerado a domesticar la calentura del estilo, un poema, aún no bien estudiado en su carga de lenguaje, más rechazado por vulgares y retóricos, que revisado por la discreción y la curiosidad, las *Selvas del año*, que estudios muy recientes sitúan su aparición en los primeros años del XVIII, pero nosotros preferimos, en lugar de su verídico nombre de *Selvas del año*, llamarlo el *Anónimo aragonés del XVIII*. El lenguaje mucho menos ganado que el de Góngora, se ofrece como un juego de cortesanía y amistad. Si comparamos sus convites florales, su líquida crestería con los de Soto de Rojo con los del colombiano Domínguez Camargo, sorprendemos de inmediato que sin tener la voluptuosidad del primero, el lenguaje más aplacado del *Anónimo aragonés*, se presta más a posteriores tejidos y enmiendas, y sin mostrar el furor innovador del colombiano, muestra más seguridad en las destrezas y más firme hilo en el seguimiento del contorno verbal. Su atribución a Gracián, sin fundamento alguno, no está exenta de malicia para precisar la índole de su lenguaje y el tono de sus adquisiciones. Parecen sus versos como jugar a ilustraciones de la *Agudeza y arte de ingenio*. El disfraz de sus metáforas parece conllevar un pregonero que anuncia su suerte y procedencia. Ved si no esta linajuda suerte del clavel:

> Como galán de la fragante rosa,
> el clavel boquirrubio,

ámbar respira, bálsamo derrama,
de púrpura vestido
por sacar la librea de su dama;
si bien sobre sienes de escarlata
le brotan de la rubia cabellera
dos cuernecillos de lucida plata.

Vemos cómo frente al clavel, queda preso de su color y encendimiento, «Boquirrubio», «de púrpura vestido», «sienes de escarlata», «rubia cabellera». El poeta intenta tan solo descubrir por medio de vestidos, que estima adecuado, el lujo de la flor. No aparece una addenda, un tirarse a fondo para intuir la recaptura de la flor fugitiva en su propia realidad. Qué distante el procedimiento de un Góngora, cuando al aludir al congrio que viscosamente liso, toca con su lisura viscosa la raíz de su triunfal y nueva nadada por la piscina de la poesía.

En general, el tono y altura poéticas del *Anónimo aragonés*, es el que marca el fiel del gongorismo americano. Solo que a nuestro parecer el gongorismo americano rebasó su contenido verbal para constituir el cotidiano desenvolvimiento de ese señor barroco que ya señalamos. Un sobrino de don Luis por estas latitudes, no solo se impregna de sus maneras, fórmulas y trazados latines, nubes mitológicas, sino en Carlos Sigüenza y Góngora se redondea la nobleza, el disfrute, la golosina intelectual, de ese señor barroco, instalado en paisaje que ya le pertenece, realizador de unas tareas que lo esperan, fruitivo de todo noble vivir.

Al lado de un don Luis errante, que no tiene dónde encajarse, canónigo a regañadientes, colgado a nobles que le hacen sudar la llorada tinta de sus peticiones y miserias, su sobrino por tierras americanas, don Carlos de Sigüenza y

Góngora realiza un espléndido ideal de vida. Estando de estudios en la Compañía de Jesús, rima a los diecisiete años sus primeros ocios. Sale de la orden para estudiar en la Universidad. Ocupa cátedra de Astrología y Matemática. Publica libros cuyo solo título tiene de poema y de simpatía ganada por anticipado. *Belerofonte matemático contra la Quimera astrológica*. Poseedor de secretas noticias sabrosas en su biografía, como que Luis XIV, invencionó un banquete en París para tenerlo entre invitados. Estudia las viejas razas mexicanas y fragua expediciones de cartógrafo a las costas floridanas. Tuvo amistad con sor Juana Inés de la Cruz, y lloró en su muerte. Cantó en su *Triunfo parténico*, las glorias partenogenéticas de María y fue el cartógrafo del rey. Es el señor barroco arquetípico. En figura y aventura, en conocimiento y disfrute. Ni aun en la España de sus días, puede encontrarse quien le supere en el arte de disfrutar un paisaje y llenarlo de utensilios artificiales, métricos y voluptuosos.

Si por alguien, cuya tesis ha tenido los favores de la buenaventura, se ha considerado el barroco un arte de contrarreforma, cómo no ver en el centro de esas compañías que parten en romana defensa, a los *Ejercicios*, con su confianza en la voluntad, para mantener la *performance* tensa en la adquisición de las vías de purificación.

Usamos de los actos entendimiento, se nos dice en los *Ejercicios*, discurriendo, y de los de la voluntad, afectando.

Hay ahí como una confianza quizá, en que la forma comprenderá a la esencia; en la primera religiosidad por la forma, por el amor de lo visible, pues ¿en qué forma la voluntad iba a actuar, sino sobre la visibilidad? En su concepto de las *adiciones*, en que parece que las semanas se persiguen en feroz vigilancia retrospectiva. En aquel mismo principio y fundamento en que parecen descansar los *Ejercicios* todos, en dos dependencias, en dos concéntricas subordinaciones. El hombre para Dios «y las otras cosas sobre el haz de la tierra son criadas para el hombre». El hombre para Dios, si el hombre disfruta de todas las cosas como en un banquete cuya finalidad es Dios.

El banquete literario, la prolífica descripción de frutas y mariscos, es de jubilosa raíz barroca. Intentemos reconstruir, con platerescos asistentes de uno y otro mundo, una de esas fiestas regidas por el afán, tan dionisiaco como dialéctico, de incorporar el mundo, de hacer suyo el mundo exterior, a través del horno transmutativo de la asimilación.

Es el primero, por la buena utilización del hilo delicado, el canónigo bogotano Domínguez Camargo, que saltándole el paladar al punto del repliegue, lo repasa con la servilleta en su pequeña espuma:

> porque hay un repostero
> que las aves retrata tan perfectas
> que se suelen volar las servilletas.[14]

Y para que los ramajes de la naturalidad se recuesten en las grutas del artificio, la alegre salud de Lope de Vega, aportará la col y la berenjena. Un poco de alegre vegetación en medio de las viandas que el fuego dora y transmuta:

> Matice esas huertas luego
> la berenjena morada,

14 Estos versos son de Sebastián Francisco de Medrano, en su *Favores de las musas* (1631). El error aparece antes en la «Introducción» a la *Antología poética en honor de Góngora*, de Gerardo Diego, 1927. (N. del E.)

la verde col amigada
como pergamino al fuego.[15]

Sobredorado el cordobés don Luis, aportará otra sutileza, la aceituna, que añade a la naturaleza irrumpidora en los manteles, una invención, mitad artificio y mitad naturalidad:

> ...y al verde, joven floreciente llano
> blancas ovejas suyas hagan cano,
> en breves horas caducar la hierba;
> oro le exprimen líquido a Minerva,
> y, —los olmos casando con las vides—
> mientras coronan pámpanos a Alcides.[16]

Pero tanta berenjena, col y aceitunas, quizás requieran un poco de aceite, traído por su angélica lámpara de obsidiana, sor Juana, ayudará a que los breves ramajes y bolillas naturales, recorran el mar denso del aceite:

> ...faroles sacros de perenne llama
> que extingue, si no infama
> en licor claro, la materia crasa
> consumiendo, que el árbol de Minerva
> de su fruto, de prensas agravado,
> congojoso sudó y rindió forzado.[17]

15 *El vaquero de Moraña*, 1617 (acto II, escena 9, en *Obras de Lope de Vega*, Real Academia Española, Madrid, Rivadeneyra, 1897, tomo VII, págs. 569-570). (N. del E.)

16 Góngora, *Soledades*, «Soledad primera», Barcelona, Linkgua ediciones, 2024. (N. del E.)

17 Sor Juana Inés de la Cruz, *El sueño* (Primero sueño), Barcelona, Linkgua ediciones, 2024. (N. del E.)

Saliendo del silencio de su orden, en el único riquísimo poema que se le conoce, viene fray Plácido de Aguilar a ofrecernos un primer plato, una bien refrigerada toronja:

> ...la amarilla toronja en quien Pomona
> de la vejez retrata los pesares
> en pálidas verrugas o lunares.[18]

Así, como le dimos entrada en la materialidad de la col y la berenjena, vuelve ahora Lope de Vega, con los vestidos cangrejos, resistentes a la doma del fuego de su blancona ternura y perfección:

> No los mariscos al peñasco asidos
> cuyos salados cóncavos desagua,
> retrógrados cangrejos parecidos
> al signo que del Sol por signo es fragua.[19]

Y por cortesía, que es al propio tiempo un fortitudo, démosle la bandeja mayor y central a Leopoldo Lugones, que salta del barroco de la edad áurea, para demostrarnos que en nuestros días aquel barroco se hace también imprescindible:

> En eso, celebrando la visita,
> Entra, en su arte bermejo, la gallina importante,
> Que impone el silencio de su triunfo un instante,

---

18 Fray Plácido de Aguilar, Fábula de Siringa y Pan, aparece en *Cigarrales de Toledo* (1621), Tirso de Molina, Barcelona, Linkgua ediciones, 2024. (N. del E.)

19 *El vaquero de Moraña*, 1617 (acto II, escena 9, en Obras de Lope de Vega, Real Academia Española, Madrid, Rivadeneyra, 1897, tomo VII, págs. 569-570). (N. del E.)

Bajo el ardiente aroma de la cebolla frita.
Mandan llenar de nuevo la garrafa;
Y comentando nuestro delectable recato,
Al pie de la mesa el gato,
Pide con su melindroso maullido su piltrafa.[20]

Es hora ya de darle entrada al vino, que viene a demostrar la onda larga de la asimilación del barroco, con un recio y delicado vino francés, traído por Alfonso Reyes, elixir de muchos corpúsculos sutiles, en una de sus variadas excursiones por las que le guardamos tan perenne agradecimiento:

Fui general de airón y charretera
Tizón de amores y trueno de alarmas
Lancé, estentóreo por la carretera
Frente a Château Lafite:
Presenten... Armas.[21]

Para evitar la golosa competencia de frutas entre una y otra bisagra de los mares, viene de nuevo el *Anónimo aragonés*, con su lenguaje de diedros rebajados, de cepilladas cornisas, a darnos una perilla, líquido vidriado y pulpa plateresca, cuerda del gusto que se tiende en un arco de ejemplar final:

También entre las cándidas mantillas
de las primeras flores,
salen ya madrugando las perillas,
de todas las primeras,

---

20 *Poemas solariegos*, «Almuerzo», Linkgua ediciones, Barcelona, 2010. La cita contiene una errata: en el segundo verso debiera decir «arroz» en lugar de «arte», y un cambio de puntuación. (N. del E.)
21 Poema núm. XV, «Vino tinto», de la serie Minuta (1917-1931), Barcelona, Linkgua ediciones, 2024. (N. del E.)

que por ser de la reina y ser tan niñas
parecen las meninas de las peras.

Como preparando la arquetípica levitación, la penetración de los linajes del humo en nuestro cuerpo, el enigmático e imprescindible tabaco, traído al convite por uno de los nuestros de más ganada y sosegada gloria poética, nuestro querido testimoniante Cintio Vitier:

...qué adorable
permiso el mundo de la casta hoja
dilata y borra con veloz ternura?
Entra en la noche, salta del olvido,
y ardiendo con mi carne me despoja...[22]

Y para el esperado con timidez, como quien depende de la nobleza de un grano esquivo, regalo de la lejanía, el café a la turca, a quien ya no recibimos con poesía, sino con la forma adquirida por los misterios en una cantata de Juan Sebastián Bach, en sus nobles cuanto graciosos compases para acompañar el café, en un lento recuento, que bien se puede establecer en la dimensión oriental del barroco, en la Sala China del Palacio Schoenbrum, de María Teresa de Austria, o en la opuesta dimensión del barroco, en el *fumoir* de ébano y piedras preciosas, regalo de una emperatriz china a la altivez mexicana, visible en el Palacio de Chapultepec, tan caro a los fructuosos ocios de cualquier alma americana.

Si en torno del banquete del barroco, teníamos, en asientos alternados, que mezclar una y otra bisagra, hay una dimen-

---

22 Segundo de los dos sonetos titulados «Un placer», incluidos en *El hogar y el olvido*, La Habana, Orígenes, 1949, pág. 30. Este cuaderno fue recogido en *Vísperas* (1938-1953), publicado también en La Habana, Orígenes, 1953. (N. del E.)

sión que nos corresponde *nomine discrepante*, la del sueño, donde sor Juana de la Cruz alcanza su plenitud y la plenitud del idioma poético en sus días. Es la primera vez, que en el idioma, una figura americana ocupa un lugar de primacía. En el reinado de Carlos II, donde ya asoma la recíproca influencia americana sobre lo hispánico, es la figura central de la poesía. Su lucha, tan infusa como cuidada por la voluntad final, aconseja que solo se lea un papelillo que llama *El sueño*, por quedarse en el último rincón con la poesía, aparte de los recados cortesanos, de los arcos para los virreyes, de la eminencia consagrada llevada como un divertimento a saludar a la esposa del virrey, es una lucha invisiblemente heroica, soterrada, pero situada en el centro mismo de su vida. Aunque declara que *Primero sueño* lo compuso imitando a Góngora, es una humildad encantadora más que una verdad literaria. La dimensión del poema es muy otra que las fiestas sensuales que rodean los himeneos meridionales, y la calma de zagalas y cabreros en presencia de las cabras sabias y barbadas. Es lo más opuesto a un poema de los sentidos, está hecho enfrentándose con la primera retirada de la naturaleza en la noche, y con el viaje secreto de nuestras comunicaciones con el mundo exterior por las moradas subterráneas. Las alusiones a Proserpina y Ascálafo, el sombrío chismoso, están dirigidas y encajadas en muy otra dirección que la gongorina. Parecen surgidos en el centro de concurrencia de sus ejercicios poéticos con sus lecturas escolásticas. Aun el rodar, el recorrido del poema lleva un *tempo lento* muy distante del *vivace e maestoso* de las *Soledades*. Parece como si remedase la lenta corriente de un río sumergido, mientras la sustancia del sueño va horadando y penetrando aquellos parajes. Es cierto, que en algunos poemas de *La Circe*, de Lope de Vega, se revelan apresuradas lecturas de los escolásticos, pero eran más bien escarceos de un espíritu subdividido en su exterior y fundido por el Eros. Pero en sor Juana es la escolástica del cuerpo la que pasa íntegra a su poema. Cuando habla del *Húmedo radical*, término de la medicina escolástica, parece como si aludiese a nuestros propios bosques animados con la profundidad maternal de la noche... Su oscuridad desciende a nuestras profundidades, para fundirse con lo inexpresado, impidiendo que la luz al invitarlo lo ahuyente, y favorecer su desprendimiento por el descenso a las profundidades que siempre regala la oscuridad.

La manera de *El sueño*, no difiere de la manera con que se tratan esos temas en la poesía renacentista, y que llega a los *Sonetos a Orfeo*, de Rilke, o al *Narciso* de Valéry. Conocimiento superficial del tejido mitológico, simple presentación o presencia, ahondada por referencias personales disimuladas, acrecidas por el propio devenir del poema, que así viene a darle sombra de profundidad. Si recordamos el procedimiento lo hacemos tan solo para justificar a sor Juana. El poema comienza con la huida de los animales diurnos, para darle paso a las sombras y a las nictálopes, comenzando los secretos y trabajados procesos del sueño. Termina con la llegada del día, repartiendo colores y entreabriendo los sentidos. Pero la grandeza del poema no está en la habilidad o extrañeza de su desarrollo, sino en la extensión ocupada por un tema tan total como la vida y la muerte, y del que extrae no las maravillas y las excepciones, sino cautelas distributivas, graduaciones del ser, para recibir el conocimiento. Si comparamos ese modo de acercarse a lo onírico, lo primero que lo diferencia del surrealismo contemporáneo o del romanticismo alemán de la primera mitad del XIX, consiste en que no se trata de buscar otra realidad, otra mágica causalidad, sino con visible reminiscencia Cartesiana, el sueño aparece como forma de dominio por la superconciencia. Hay una sabiduría, parece desprenderse del poema, en el sueño, pero trabajada sobre la materia de la inmediata realidad. Desde la arribada de la nocturna hasta la irisación cenital, se recorre la escala completa de la jerarquía, mineral, vegetal, animales, ángeles y Dios, es pues un trabajo en que se continúa el mundo de la conciencia y del conocimiento. Así, en el sueño, sor Juana utiliza el símbolo mitológico de la fuente Aretusa, que trocada en río sumergido recorre tanto las moradas infernales de Plutón como los placenteros Campos Elíseos, continúa la lucha por aprehender el milagro del mundo diurno, el afán fáustico de que el conocimiento sea una realidad y que esa realidad pertenezca por entero al hombre. Algún día cuando los estudios literarios superen su etapa de catálogo y se estudien los poemas como cuerpos vivientes, o como dimensiones alcanzadas, se precisará la cercanía de la ganancia del sueño en sor Juana, y la de la muerte, en el poema contemporáneo de Gorostiza. El sueño y la muerte, alcanzándose por ese conocimiento poético la misma vivencia del conocimiento mágico. Vossler señala en sor Juana, en una frase de rica resonancia, su diletantismo intuitivo. El poeta todo está lleno de esa adivinación que revela un asombro y que se vuelve sobre él con procedimientos aún no cabales para llevarlos a una forma viviente. No ese diletantismo de las viejas culturas, que es una forma de la ornamentación doméstica, sino una sana pasión de aficionado, una curiosidad complaciente por el terror y que después con aniñado gesto, mide la desproporción y se esconde quejumbroso. Pero es lo cierto que con sus deficiencias de ejercicio y en su soporte elemental y difuso, no hay antes ni después de ese poema, en lo que se refiere al sueño, al sujeto del poema, en nuestra literatura, una intención que lo iguale ni una forma adquirida que lo supere.

Del sueño de sor Juana a la Muerte de Gorostiza, hay una pausa vacía de más de doscientos años. Eso nos revela lo difícil que es alcanzar esos microcosmos poéticos, esos momentos de concurrencia de gravitación de intuición poética y de conocimiento animista. Aunque ambos poemas estén situados del lado de ese diletantismo intuitivo, que señala Vossler, ambos tienen una dimensión, que solo puede ser superada por culturas más antiguas y maduras, capaces de un ámbito o perspectiva poéticas de más complicados y resueltos concéntricos.

Otra de sus temeridades fue el auto sacramental *El divino Narciso*.[23] El propósito relacionable del sueño, pasa en forma más sutil a ese auto sacramental, pues en las loas introductorias intenta relacionar los mitos católicos con los mitos precortesinos, y en el desarrollo de la representación, Narciso, ayudado por la gracia, termina en la compañía de su Padre, sentado a la diestra de su trono celeste. Cierto que en algunos autos sacramentales, la mitología se rendía a la teología, y que específicamente hay un auto sacramental calderoniano con el Narciso como figura central, pero en el Narciso de la nuestra, parece como si el choque de viejas culturas agravase el rendimiento de las antiguas deidades. La repetición en poderosas ráfagas musicales:

> ¡Y en pompa festiva,
> celebrad al gran Dios de las Semillas!

le dan a todo el auto sacramental un fondo de raza. Como si esa misma caída grave del sueño fuese transformando las

23 Barcelona, Linkgua ediciones, 2024. (N. del E.)

divinidades de la sangre y la ira en los nuevos dioses del óleo y la reconciliación.

En esa actitud final de sor Juana quisiera yo colocar algunas pinturas de la escuela cuzqueña, como aquella deliciosa de *Los primeros pasos del Niño*. Hay en su intimidad más secreta como una relación no mencionable con el Narciso mexicano. En ambos extremos del cuadro, la Virgen y san José contemplan, una, como para impulsar levemente; otro, para recibir con resto las primeras destrezas del Niño Divino. Un ángel niño, de mayor tamaño que una diminuta fuente central. El ángel está atento al niño, aunque con alegre confianza, y éste avanza con las seguridades que parece recibir de lo alto, siguiendo como el rumor enviado por los coros estelares. En el cuadro, de la misma escuela cuzqueña, *La procesión del Corpus presidida por el inca Sairi Titupaco*,[24] observamos cómo al paso de la carroza, la adoración presidida por un solemne cura incaico, ha ganado todos los rostros. En el fondo del cuadro, al paso del misterio, un san Cristóbal sostiene al pequeño cuerpo real, uniéndose así en un solo símbolo las dos presencias eucarísticas y corporales.

A las delicias de la escuela cuzqueña, quisiera añadir otra, ésta una delicia de hagiografía, en la patrona limeña santa Rosa de Lima. En su lucha con el demonio santa Teresa lo alude:

Gran llama, enteramente clara, sin mezclas de sombras.

Ah resplandece la gravedad, la inocencia majestuosa, la perfección inapelable. Pero parece que por tierras cuzqueñas se

24 Se refiere a Sayri Túpac (ca. 1535-1561). Segundo inca de Vilcabamba, hijo deManco Inca Yupanqui y de Cura Ocllo. Sucedió a su padre, tras la ejecución de este a manos de los españoles, en 1544. (N. del E.)

le añadiese como una gracia, como la gracia de una niña que le tira una piedrita al demonio caimán. *Sarnoso y mala gata*, le llama al diablo nuestra santa Rosa de Lima, como no queriéndolo definir, sino irritar, pellizcar cuando está dormido, molestar su falsa vitalidad con ese «mala gata», incomparable en la gracia.

Cuando se afirma por los historiadores de la cultura, la carencia en España de las manifestaciones renacentistas, bastaría para refutarlos la contemplación del Renacimiento español hecho en América. Una cultura como la española no podía manifestarse por juegos cortesanos ni por la influencia viajera de los humanistas, tenían que ser hechos históricos de gran relevancia, como el Descubrimiento y la Reforma, los que afirmaron y expresaron su voluntad artística. Si observamos algunos de los trabajos del maravilloso Bernini, precisamos que gran parte de su obra surge impuesta por las leyes del mismo crecimiento de la ciudad, la mansión o el templo; en él un baldaquino, una *piazetta*, ejemplos famosos, surgen como consecuencia del lleno o del vacío, del crecimiento o de la disminución de los enlaces, entre ciudad, espacio y hombre. El afán de que el «lleno» espacial destruya el vacío, lo lleva a evitar riesgos de composición, entradas de espacio libre. La manera americana del lleno como composición tiene su raíz en ese barroco del Bernini. Si después, en Borromini, aún dentro del mismo barroco, hay un afán de espacio, bien mediante la curva de muros y penetración de luces, es siempre una elaboración racionalista de la ciudad. Pero en el más característico barroco americano, en los trabajos del indio Kondori, en el Perú, es la naturaleza, el fuego originario, los emblemas cabalísticos, el ornamento utilizado como conjuro o terror, el que informa el templo. Después del Renacimiento la historia de España pasó a la América, y el barroco americano se alza con la primacía por encima de los trabajos arquitectónicos de José de Churriguera o Narciso Tomé. Para ello la primera integración de la obra de arte, la materia, la *natura signata* de los escolásticos, regala la primera gran riqueza que marcaba la primera gran adversidad. La platabanda mexicana, la madera boliviana, la piedra cuzqueña, los cedrales, las láminas metálicas, alzaban la riqueza de la naturaleza por encima de la riqueza monetaria. De tal manera, que aún dentro de la pobreza hispánica, era la riqueza del material americano, de su propia naturaleza, la que al formar parte de la gran construcción, podía reclamar un estilo, un espléndido estilo surgiendo paradojalmente de una heroica pobreza.

En la Plaza del Zócalo, de México, o en la catedral de La Habana, la relación con la plaza es orgánica y está hecha en función del nacimiento del cuadrado. Ambos, el templo y la plaza, nacieron en una súbita función, no de su realización, como los más importantes de Europa, a posteriori del templo, con objeto de domesticar la demasía del templo, que llegaba a aterrorizar al hombre. Después de cien años de trabajo, ya se preparan los triunfos y los arcos, y se le encarga a sor Juana los más fríos versos de circunstancia para la inauguración de la catedral de México. Asegurado su nacimiento en relación con el cuadrado de la plaza, lo que primero convida nuestra extrañeza es la deslumbradora aparición de su Sagrario. El transparente de la catedral de Toledo, obra de Narciso Tomé, no le aventaja en la riqueza de la proliferación ni en el esplendor del relieve de las figuras. En relieves más bien pequeños, que recuerdan las grandes portadas de catedrales medievales, con los oficios, con las furias, con los motivos de bodas, de cenas de simbólicas despedidas, el labrado sin pausas de grandes ábsides ni destrezas frente a la luz, cubre toda la piedra por reducción a signo, a símbolo hagiográfico, a visibles potestades del Espíritu santo.

En la catedral de Puebla la relación de templo y plaza desaparecen, para darle paso a un cuantioso racimo de ángeles que defienden la plaza celestial. En el grisáceo color de su piedra y en el seco cuadrado que lo constituye, precisamos que estamos aún en la resonancia del estilo herreriano. Como en la construcción de la catedral de Colonia, las leyendas y los sueños, las visiones memorables, se han filtrado en la piedra para la edificación. La aparente frialdad de su estilo parece como el despertar de un hombre que ha tenido una ensoñación y trata después de precisarla cuidadosamente en la adecuación de sus signos. Que el buen hombre que había tenido ese sueño lo merecía, lo revela el hecho que donó la mitad de la mina de plata que había encontrado para las imágenes resueltas en plata maciza. Nos sobrecogemos cuando, después de haber repasado la espléndida iconografía — las figuras de los cuatro evangelistas, de tamaño natural, es toda de plata— precisamos, en medio de una riqueza que se muestra pródiga para la alabanza, unas piedras de sencillez prodigiosa, con un solo rótulo, donde ni siquiera quiso que apareciese su nombre el generoso: Aquí yacen los cenizas de un pecador. Pero su sueño sin nombre está acompañado por el rumor de los ángeles que envuelve a la catedral. Rodeada de innumerables lanzas, cada una de las cuales remata en un ángel de plata. Así, la expresa gravitación del templo está aligerada por las voces angélicas que rodean la masa pedregosa y la levitan como para un desprendimiento en la noche.

Bajo la influencia de Borromini, nuestra catedral ofrece una solución esquiva y fuerte en uno de sus laterales. La sobriedad de su portada revela el estilo jesuita, remedo de la casa de los jesuitas en Roma, trenzado con piedras que se curvan, con ángulos tajantes, para la penetración de la luz. Ofrece un detalle, a la manera de Borromini, de impresionante calidad por la sencilla relación que establece con las callejas rodeantes. En su edificación se responde a la búsqueda loyoliana del centro de irradiación. Es como una búsqueda, cierto que un poco tardía del poder central, del punto de apoyo de la ciudad, de participación en la teoría de los comienzos de las murallas. Manifiesta una recta voluntad de querer estar en los principios, en los comienzos de una espiral que se desarrollará con los basamentos más perennes de los modos de crecimiento de la ciudad. Sus laterales y su interior revelan una influencia de *della Porta* y las primeras edificaciones del barroco jesuita... La presencia de las dos airosas torres parece querer librarla de la sequedad de las portadas de los templos jesuitas. A la paradoja de aquellas torres se aúna la fina silueta bizantina de la cúpula, que no parece inclinarse como muchas iglesias de la compañía, hacia la portada, para causar la impresión de una torre interior. Pero para nuestro gusto la catedral nuestra ofrece un detalle de una calidad y al mismo tiempo grácil belleza, como que concilia la idea de solidez y como una reminiscencia de vuelco marino, de sucesión inconmovible de oleaje.

Es, pudiéramos decir, el reto, la arrogancia de nuestra catedral. Esa gran lasca de piedra que se prolonga, que se sigue a sí misma; no, ahí está la voluntad loyoliana para hacer que el espíritu descienda, se aclare, quepa justa en el círculo de nuestro ansiar vigilante. Frente o amigada, quién lo pudiera decir, al natural envío marino, la piedra catedralicia intenta repetir las primeras evocaciones del Génesis, solo que aquí el espíritu riza la piedra en una espiral presuntuosa que se va acallando en la curva, donde se confunde como en un tranquilo océano final. Qué habanero en un día de recorrido de estaciones, de fiesteo navideño, o de plegado secreto por el san Cristobalón, no se ha detenido, después de aquel majestuoso ademán, verdaderamente cardenalicio, de la piedra en un *fugato*, en el pequeño, sonriente, amistoso balcón, que se entreabre entre el extendido orgullo de la piedra. Tiene la gracia, como cuando avanzamos en la noche, del encuentro con los ojos del gato, que parecen poner en el laberinto de los corredores un ancla arracimada de sirenas.

La gran hazaña del barroco americano, en verdad que aún ni siquiera igualada en nuestros días, es la del quechua Kondori, llamado el indio Kondori. En la voluntariosa masa pétrea de las edificaciones de la Compañía, en el flujo numeroso de las súmulas barrocas, en la gran tradición que venía a rematar el barroco, el indio Kondori logra insertar los símbolos incaicos de Sol y Luna, de abstractas elaboraciones, de sirenas incaicas, de grandes ángeles cuyos rostros de indios reflejan la desolación de la explotación minera. Sus portales de piedra compiten en la proliferación y en la calidad con los mejores del barroco europeo. Había estudiado con delicadeza y alucinada continuidad las plantas, los animales, los instrumentos metálicos de su raza, y estaba convencido de que podían formar parte del cortejo de los símbolos barrocos en el templo. Sus soportes de columnas ostentan en una poderosa abstracción soles incaicos, cuya opulenta energía se vuelca sobre una sirena con quejumbroso rostro mitayo,[25] al propio tiempo que tañe una guitarra de su raza. El indio Kondori, fue el primero que en los dominios de la forma, se ganó la igualdad con el tratamiento de un estilo por los europeos. Todavía hoy nos gozamos en adivinar la reacción de los padres de la compañía, que buscaban más la pura expresión

25 Se refiere a la *mita*, palabra quechua alusiva a los trabajos forzados en las minas. (N. del E.)

de la piedra que los juegos de ornamentos y volutas, ante aquella regalía que igualaba la hoja americana con la trifolia griega, la semiluna incaica con los acantos de los capiteles corintios, el son de los charangos con los instrumentos dóricos y las renacentistas violas de gamba. Ahora, gracias al heroísmo y conveniencia de sus símbolos, precisamos que podemos acercarnos a las manifestaciones de cualquier estilo sin acomplejarnos ni resbalar, siempre que insertemos allí los símbolos de nuestro destino y la escritura con que nuestra alma anegó los objetos.

Así como el indio Kondori representa la rebelión incaica, rebelión que termina como con un pacto de igualdad, en que todos los elementos de su raza y de su cultura tienen que ser admitidos, ya en el Aleijadinho su triunfo es incontestable, pues puede oponerse a los modales estilísticos de su época, imponiéndoles los suyos y luchar hasta el último momento con la *Ananké*, con un destino torvo, que lo irrita para engrandecerlo, que lo desfigura en tal forma que solo le permite estar con su obra que va inundando la ciudad de Ouro Preto, y las otras ciudades vecinas, pues hay en él las mejores esencias feudales del fundador, del que hace una ciudad y la prolonga y le traza sus murallas, y le distribuye la gracia y la llena de torres y agujas, de canales y fogatas.

El barroco como estilo ha logrado ya en la América del siglo XVIII, el pacto de familia del indio Kondori y el triunfo prodigioso del Aleijadinho, que prepara ya la rebelión del próximo siglo, es la prueba de que se está maduro ya para una ruptura. He ahí la prueba más decisiva, cuando un esforzado de la forma, recibe un estilo de una gran tradición, y lejos de amenguarlo, lo devuelve acrecido, es un símbolo de que ese país ha alcanzado su forma en el arte de la ciudad. Es la gesta que en siglo siguiente al Aleijadinho va a realizar José Martí. La adquisición de un lenguaje, que después de la muerte de Gracián, parecía haberse soterrado, demostraba, imponiéndose a cualquier pesimismo histórico, que la nación había adquirido una forma. Y la adquisición de una forma o de un reino, está situada dentro del absoluto de la libertad. Solo se relatan los sucesos de los reyes, se dice en la Biblia, es decir, los que han alcanzado una forma, la unidad, el reino. La forma alcanzada es el símbolo de la permanencia de la ciudad. Su soporte, su esclarecimiento, su compostura.

La alucinación del Aleijadinho parecía querer llenar la ciudad. Ouro Preto está ceñido por sus desapariciones y apariciones en su mulo de relámpagos nocturnos. Se lanza, su obsesión era no ser visto, sobre la piedra golpeada, que al fin articula y rechaza. Iglesia tras iglesia, inmensas pilas bautismales, púlpitos laberínticos para apresar el Espíritu santo, todo ello del ímpetu del Aleijadinho al lanzarse de su mulo, oculto todo el rostro bajo un sombrero que le caía como ala sobre los hombros, y picotear con su gubia las defensas de la piedra. Un proverbio brasileño nos dice: «el Brasil progresa de noche, mientras duermen los brasileños».

El arte del indio Kondori representaba, en una forma oculta y hierática, la síntesis del español y del indio de la teocracia hispánica de la gran época con el solemne ordenamiento pétreo de lo incaico. Su arte es como un retablo donde a la caída de la tarde, el mitayo solo desea que le dejen colocar su semiluna incaica en el ordenamiento planetario de lo español, y que entre los instrumentos que entonan la alabanza, el charango, la guitarrita apoyada en el pecho, tenga su penetración sumergida en la masa tonal. Parecía contentarse con exigirle a lo hispánico una reverencia y una compañía, como aquellas momias, en el relato del Inca Garcilaso, de las primeras dinastías incaicas, que al ser exhumadas en la época de la conquista y del derrumbe de las fortalezas cuzqueñas, eran saludadas respetuosamente por la soldadesca hispánica.

El arte del Aleijadinho representa la culminación del barroco americano, la unión en una forma grandiosa de lo hispánico con las culturas africanas. En las fiestas generatrices de san Gonzalo, las romerías de negros que celebraban en una forma frenética los dones de la primavera, se remansaban en las prodigiosas pilas bautismales del Aleijadinho, ornadas como tuberías de órgano, como acordeones, con hojas espiraloides que ascienden en ángeles gordezuelos.

Vemos así el señor barroco americano, a quien hemos llamado auténtico primer instalado en lo nuestro, participa, vigila y cuida, las dos grandes síntesis que están en la raíz del barroco americano, la hispano incaica y la hispano negroide. Pero veamos, para terminar, cómo se realiza esa imponente síntesis de Aleijadinho, y en él consideramos lo lusitano formando parte de lo hispánico. Su madre era una negra esclava. Su padre un arquitecto portugués. Ya maduro, el destino lo engrandece con una lepra, que lo lleva a romper con una vida galante y tumultuosa, para volcarse totalmente en sus trabajos de piedra. Con su gran lepra, que está también en la raíz proliferante de su arte, riza y multiplica, bate y acrece lo hispánico con lo negro. Marcha al ras con las edificaciones de la ciudad. Él mismo, pudiéramos decir, es el misterio generatriz de la ciudad. Como en el proverbio que citamos, vive en la noche, desea no ser visto, rodeado del sueño de los demás, cuyo misterio interpreta. En la noche, en el crepúsculo de espeso follaje sombrío, llega con su mulo, que aviva con nuevas chispas la piedra hispánica con la plata americana, llega como el espíritu del mal, que conducido por el ángel, obra en la gracia. Son las chispas de la rebelión, que surgidas de la gran lepra creadora del barroco nuestro está nutrida, ya en su pureza, por las bocanadas del verídico bosque americano.

III. El romanticismo y el hecho americano

En algún cuadro de Orozco, pintado con noble ternura, aparece un padre franciscano tratando de levantar por los brazos a un indio, que viene a rendirle la cornucopia de los diezmos debidos. Liberados de las exigencias del poder central, por tierras americanas podían manifestar con pureza un recto espíritu evangélico. En Santo Domingo, los dominicos que mantenían la tradición del padre Victoria; en Cuba, y después ante Carlos V, el padre de las Casas; en México, los padres franciscanos. Y lo que es más sorprendente, las Colonias jesuitas del Paraguay, donde la compañía liberada, desde los Habsburgo, para tener un apoyo austríaco frente a las intentonas del nacionalismo de la Reforma, realiza experiencias para lograr la Jerusalén terrestre en relación con la celeste. A medida que la colonización se integra y el poder central se muestra más absorbente, el conflicto surge y se exacerba, al extremo de llevar el clero católico, en la Argentina y México, al separatismo, tratando de unir las esencias espirituales de la nación con las esencias evangélicas.

El proceso de ese hecho tiene una visible raíz histórica. En la Edad Media, desde la época de Fernando III el Santo y Alfonso X el Sabio, el clero luchó tenazmente por mantener sus fueros y el respeto de su jurisdicción. Cada pueblo, un templo, fue la divisa de las primeras comunidades españolas. Un nuevo mapa, esencial y profundo, que tenía sus raíces en lo popular y en lo evangélico. Al adoptar la compañía su política de acercamiento a los Austrias, en la época de Carlos V y del austriaco Fernando el Católico, el mantenimiento de esos fueros fue relegado, pues ya los jesuitas eran poder, política que tenía cierta justificación histórica, pues había que marchar en milicia contra la Reforma y aun contra la suspensión a que se obligaba la vacilante actitud del Papado en relación con la orden, y a las suspicacias de la autoridad romana después de las rectorías de Loyola, de Diego Laínez y de san Francisco de Borja, exigiendo que el priorato general de la orden estuviese en manos de extranjeros. Con la fundación de la Inquisición, los fueros jurisdiccionales de las órdenes quedaron cumplidos, y entonces fueron las comunidades, en Cataluña o en Zaragoza, las que se vieron obligadas a defender en una forma sangrienta sus prerrogativas y resguardos contra el poder central. Así cuando Antonio Pérez se declaró en rebeldía contra el poder central, se acoge al fuero zaragozano, para librarse de las acechanzas de Felipe II, pero para acercarlo a Madrid exige el fuero de la inquisición, que utiliza sus tizones para arrancar confesión de asesinato, sin lograrlo. Cuando el desdén de Aquisgrán el papa Pío VII, se entristeció, pero no ordenó guerra santa. Cuando la invasión francesa, el clero español tocó a rebato, llegando la crueldad del canónigo Calvo a límites tan excesivos, que las Juntas de liberación llegaron a destituirlo. De esa manera el clero español se oponía a la supresión de la Inquisición, que fue la primera medida de José Bonaparte en la gobernación de España, y al liberalismo. Napoleón se dio cuenta de inmediato lo que significaba su derrota en España, «rebajó mi moral en Europa», comentaba en los días finales de Santa Elena. Cuando la vuelta de su destierro, el papa, dándole una palmadita a Luciano, lo despidió diciéndole:

Puesto que va usted a París, haga las paces entre él y yo. Yo estoy en Roma; él no tendrá nunca queja de mí.

El clero americano tomó distinto partido en relación con el poder central. Casi todas las cátedras episcopales eran provistas oídos los virreyes, la monarquía metropolitana y las altas autoridades eclesiásticas. El mismo beato Claret, en sus años de obispado en Santiago, se jura fiel de Isabel II, sin que le rocen los problemas del separatismo. Pero el clero municipal, establece sus relaciones con los agricultores y con los pequeños terratenientes, no establece contacto con el poder central y se sabe hostil en relación con la jerarquía, ya que ésta, radicada en ciudades de más importancia, establece relaciones con autoridades subordinadas a lo hispánico. Aparecen entonces, a principios del siglo XIX, los curas independentistas de México y de las Juntas de Buenos Aires, los curas constituyentes de Cádiz, como el padre Varela. Hay en ellos algo del abate Sieyès, del abate Marchena y de Blanco White. Toman parte en la Revolución francesa, se convierten, después de abjurar, de nuevo al catolicismo, después de haber traducido a Lucrecio y a Voltaire, o se acogen al liberalismo inglés. Consecuencia: ganancia del catolicismo, amplitud de su compás, con su gran revolución, su absurdidad inagotable en lo poético, y la constante prueba del ejercicio de su libertad. Todo lo que haya sido contrario a esa actitud del catolicismo, es tan solo vicisitud histórica, suceso, pero no cualificación de su dogmática.

A fines del siglo XVIII, aquel señor barroco, que veíamos en las fiestas pascuales, ir de su granja, rodeado de aromos y de paños de primor, al vistoso zócalo, donde repasa la filigrana del sagrario, al tiempo que establece el chisporroteo del torito y la revuelta tequila, pone en la indiada el reojo de su frenesí. ¿Qué ha pasado? Su ilustrísima ha presidido con disimulado quebranto, el predicamento de un curita juvenil, afiebrado, muy frecuente en la exaltación y el párrafo numeroso. Su paternidad mayor ha contemplado el tumulto del pueblo al paso de un predicador dado a tesis heresiarca, a machacar con probanzas y distingos, sobre apariciones y contrapruebas. Para oír al joven investido ha acudido hasta el virrey, pues la festividad es de rango mayor, se trata de predicar en unas fiestas guadalupanas. Y el tonsurado, que causa tal revuelo verbal, fray Servando Teresa de Mier,[26] se ha lanzado, según el arzobispo, en peligrosas temeridades. Afirmaba el predicador que la imagen pintada de la guadalupana estaba en la capa de santo Tomás, y no en la del indio Juan Diego. El pueblo se mostraba en ricas albricias, en júbilo indisimulable, el arzobispo cambiaba posturas y se mordía labios, y el virrey lanzaba a vuelo prudencial su mirada entre la alegría desatada del pueblo y la cólera atada y como reconcentrada del arzobispo. Se encarcela a fray Servando, se retracta éste, pero el frenesí del arzobispo lo envía a Cádiz, y allí lo sigue vigilante, y fray Servando, como un precursor de Fabricio del Dongo, comienza la ringlera de sus fugas y sus saltos de frontera.

¿Por qué ese ensañamiento en su ilustrísima el arzobispo? ¿Qué se agitaba en el fondo de aquellas teologales controversias? Fray Servando al pintar la imagen guadalupana en el manto de santo Tomás, de acuerdo con la legendaria prédica de los evangelios que éste había hecho, desvalorizaba la influencia española sobre el indio por medio del espíritu evangélico. Había una tácita protesta antihispánica en su colonización, y el arzobispo oliscón de la gravedad de la hereje interpretación, le salía al paso, lo enrejaba y lo vigilaba; sabiendo el peligro de aquella prédica y sus intenciones, fray Servando, bajo apariencia teologal, sentía como americano,

26 *Memorias*, Barcelona, Linkgua ediciones, 2010. (N. del E.)

y en el paso del señor barroco al desterrado romántico, se veía obligado a desplazarse por el primer escenario del americano en rebeldía, España, Francia, Inglaterra e Italia. Al fin la querella entre el arzobispo frenético y el cura rebelde va a encontrar su forma *racinée*, se arraiga en el separatismo. De la persecución religiosa va a pasar a la persecución política, y estando en Londres, al tener noticias del alzamiento del cura Hidalgo, escribe folletos justificando el ideario separatista. Rodando por los calabozos, amigándose con el liberalismo de Jovellanos, combatiendo contra la invasión francesa, o desembarcando con los conjurados de Mina, al fin encuentra con la proclamación de la independencia de su país, la plenitud de su rebeldía, la forma que su madurez necesitaba para que su vida alcanzara el sentido de su proyección histórica.

En fray Servando, en esa transición del barroco al romanticismo, sorprendemos ocultas sorpresas muy americanas. Cree romper con la tradición, cuando la agranda. Así, cuando cree separarse de lo hispánico, lo reencuentro en él, agrandado. Reformar dentro del ordenamiento previo, no romper, sino retomar el hilo, eso que es hispánico, fray Servando lo espuma y acrece, lo lleva a la temeridad. El catolicismo se recuesta y se hace tronal; huidizo, rehusa el descampado, pues nuestro tronado mexicano, lo lleva a calabozos, a conspiraciones novedosas, a tenaces reconciliaciones romanas, a dictados proféticos, a inmensas piras funerales. El calabozo no lo lleva a la ruptura con la secularidad, sino por el contrario a agrandarla, para que el calabozo sea el gran ojo de buey que levanta los destinos. Primera señal americana: ha convertido, como en la lección de los griegos, al enemigo en auxiliar. Si el arzobispo frenetizado lo persigue, logra con su cadeneta de calabozos, aclararse en la totalidad de la independencia mexicana. Su proyección de futuridad es tan ecuánime y perfecta, que cuando ganamos su vida con sentido retrospectivo, desde el hoy hacia el boquerón del calabozo romántico, parece como lector de destinos, arúspice de lo mejor de cada momento. Creador, en medio de la tradición que desfallece, se obliga a la síntesis de ruptura y secularidad, apartarse de la tradición que se resguarda para rehallar la tradición que se expande, juega y recorre destinos.

En Bayona, la curiosidad americana, lo lleva a penetrar en una sinagoga. Inmediatamente, sobre esa curiosidad comenzarán a caer los dones. Como buen americano se regala en el *simpathos*. Sorprende que hablan un español meticuloso, tienen el orgullo de que los semitas que Adriano envió a España, son de la gran tribu de Judá. Al terminar el rabino, lo rodean para que opine sobre el sermón. La onda larga de su simpatía no retrocede ante refutar al predicador, y como lo hace tan bien le ofrecen en matrimonio «una bella y rica Raquel, y en francés Fineta». Termina revisándole sus sermones a los rabinos, y en que éstos le llamen Jajá, que significa sabio. Otro signo americano; entrar en templo ajeno por curiosidad, ganarlo por la simpatía y llevarlos después al saboreo de nuestra omnisciente libertad.

En ese liberalismo de esfera armilar y de pisapapeles, pintado por Goya, Jovellanos, que en la poesía es el pastor Jovino, se siente tocado por su simpatía. El día del triunfo de Jovellanos, la noticia se recibe a las siete de la mañana, en el convento donde está preso fray Servando, y ya a las once, éste para ganarlo por los más finos modos, finge un sueño, en que el pastor Jovino, el sesudo ministro Jovellanos, estudia su causa, lo liberta y le muestra un semblante muy benévolo:

El nevado Arlanzón que me aprisiona,
El fuego mismo helara de Narciso.

> Soy náufrago infeliz que una borrasca,
> La más oscura que exhaló el abismo,
> Arrojó hasta las playas de la Hesperia,
> Donde en vano el remedio solicito.

El pastor Jovino sonríe la gracia de los versos de circunstancia, disculpando el ripio prosaico del último verso, descifra fácilmente la apetencia del sueño, y ordena la libertad de fray Servando. Buen signo americano, la fineza del solicitar con misterio, como en ese marcado antecedente, como un sueño que la ajena fina atención se ve obligado a descifrar.

Reabsorbe el fragmento no dañado de la tradición católica, se acerca como un pez por el sueño, aunque llega con respeto, se sorprende ante el cenizoso corralón hispánico literario del principio del XIX. ¡Si aún los románticos parecen ingenieros de minas, y las poetisas desterradas histéricas que hacen las compras matinales para las comidas del señor ministro solterón! La jactancia querenciosa lo interrumpe, y sin nada de la sombría vanidad, tiene la alegría que estira sus piernas y se recorre. La vanidad americana es amigotera y como en requiebro. Fray Servando sorprende el convento dominico desconchado, heladas las palabras por los corredores, sin pimienta de cita oportuna, pura mortandad engarabitada y ríspida, y anota en sus memorias:

> ¡Y al infeliz que como yo, trae las bellas letras de su casa, y por consiguiente se luce, pegan como en un real de enemigos hasta que lo encierran o destierran!

Rifoso ademán que recorre desde el refrán hasta el reojo del espejo de ultramarinos, pues las consecuencias de esa vanidad amistosa y llevadera terminan en bonachona punta de refrán. El que escama para el lucimiento, salta para ahorcado, o luce que te enyesarán, o la más sibilina de luzco y traduzco. En esas mezclas de alegre rebelión para encontrar el buen refrán, cómo no recordar el criollísimo de José María de Heredia, para que el Sol alce su frente al encanto de su fama o el yo alzaré el mundo de José Martí. Ambas son formas del pretender para ayudar, ambas criollísimas.

Cuando el mando de Jovellanos, como americano que malicia rápido y traspasa, se da cuenta de la tiesura de los nuevos. «Logré hablar al ministro, porque también llevaba recomendación para el portero», nos dice en sus memorias. Conocimiento del que toma sus precauciones para las cien puertas tebanas y sabe la fuerza del recurso menor. Intuición de esa tiesura de los nuevos por inevitable minoridad o alarde superior que rehusa la mirada fija, que penetra con naturalidad en el momento de la recepción oportuna. Esa recomendación para el ministro y para el portero, revela un instinto fresco para precisar el ordinario pequeño en el hombre, que desconfía del recién llegado, pero sucumbe ante el apaciguamiento del menor más cercano. Recomendaciones del barbero, del que nos sirve la sopa, del vecino de la azotea, de la seguridad majadera de lo diminuto, que se alza por encima de la tranquila valoración normal, y que el americano hecho a la recepción de la panoplia de las contingencias, valora como su llave de penetración que le encristala el muro para que el instante necesario de la sombra al llegar a su casa, se realice con plenitud y nos avise con querencia.

Después de haber rendido su vida en los calabozos, en los disfraces de la persecución, en la madrugada de las fronteras, le llegan sus días, en que es instalado como un arúspice consultivo en el Palacio de la Presidencia de México, en la amistad de Guadalupe Victoria. Pero le llega el momento de rendir, se incorpora y silabea:

Se dice que soy hereje, se asegura que soy masón y se anuncia que soy centralista. Todo es, compatriotas carísimos, una cadena de atroces imposturas. Ni mis escritos ni mis palabras ni mis actos podrán jamás proponerse como calumnias de tanto tamaño; más como se haga mucha mención del ruidoso sermón de Guadalupe que prediqué muchos años ha y se afecte extrañeza por qué no digo misa ni hago vida ascética, como religioso dominico, y tal vez a esto se le quiera dar el carácter de otros tantos apoyos de dichas quimeras.

Y pasa de las palabras a los hechos que a todos obligan. Demuestra que no decía misa, enseñando la mano despedazada; que no estaba en el claustro por haberse secularizado en Roma. Que no era masón, porque la masonería era un partido. Y que él no predicó contra el milagro de la Guadalupe, sino que la predicación del Evangelio en América se debió a santo Tomás, cosa que defendería hasta morir.

Fray Servando fue el primer escapado, con la necesaria fuerza para llegar al final que todo lo aclara, del señorío barroco, del señor que transcurre en voluptuoso diálogo con el paisaje. Fue el perseguido, que luce de persecución un modo de integrarse. Desprendido, por una aparente sutileza que entrañaba el secreto de la historia americana en su dimensión de futuridad, de la opulencia barroca para llegar al romanticismo de principios el siglo XIX, al fin realiza un hecho, toca la isla afortunada, la independencia de su país. El paisaje del señor barroco, navegando con varia fortuna, se había volatilizado con lentitud que pocos asimilaban. Fray Servando es el primero que se decide a ser el perseguido, porque ha intuido que otro paisaje naciente, viene en su búsqueda, el que ya no contaba con el gran arco que unía el barroco hispánico y su enriquecimiento en el barroco americano, sino el que intuye la opulencia de un nuevo destino, la imagen, la isla, que surge de los portulanos de lo desconocido, creando un hecho, el surgimiento de las libertades de su propio paisaje, liberado ya del compromiso con un diálogo mantenido con un espectador que era una sombra.

Después del anterior ejemplo de fray Servando, a horcajadas en la frontera del butacón barroco y del destierro romántico, aparece el ejemplar de individualismo más sulfúreo y demoníaco. A medida que Bolívar se iba al círculo mayor coronario, la gloria de Simón Rodríguez se hacía de hilo incandescente y de misterio. La influencia de Simón Rodríguez no debe haber sido ejercida a través del *ethos*, de un circunspecto causalismo de la conducta, sino a través de lo que había en Bolívar y en él de más endemoniado y primigenio. Su época lo llevaba al disimulado ciruelón roussoniano, al naturalismo amnésico, al cuadro sinóptico y a las modificaciones ortográficas, pero su virus era esencialmente socrático, era traspaso del *daimón* y el surgimiento del *Eros cognoscente*.

Simón Rodríguez tenía algo del Aleijadinho pedagógico. Era feo, excesivo y ambulatorio. Ya en su vejez la ternura de una india boliviana le da hijos, cuidados y el recuerdo de la patria. Para educar y formar se aprovechaba de un cinismo fuerte y no del espíritu evangélico. Sigue la trayectoria del individualismo prerromántico, con los necesarios toques de cinismo roussoniano. Desavenencias paternales, la reclamación yoísta de las dos sangres formadoras, le dan sus primeras rabias. Se jura en la venganza del trueque de apellidos. Con una gracia de diablura roussoniana, nos dice «que no conocía a su padre, pero que conocía un fraile que visitaba la casa de su madre». Pitazo fallido, a que se cree obligado después del do de pechuga del cinismo en las *Confesiones* de Rousseau. Mal pitazo, desde luego, pues se sabe que sus padres eran los buenazos acostumbrados. En otra ocasión, ante prejuiciosos párvulos del asombrado Titicaca, explica unas láminas anatómicas; para ilustrar mejor, el buen viejo le echa mano a sus propias desnudeces, estropeando el mostrar la naturaleza del Emilio, pues lo natural pudre sus oros con el tiempo, y lo que mostraba el endiablado Simón era un canijo, que hacía ladrar los perros.

Las relaciones entre Bolívar y Simón Rodríguez tienen algo de gran telón andino, de las consabidas y vastas resonancias en el libro de los destinos entre maestro profeta y discípulo genial. Todo ello a la *maniere* del siglo XIX, *avec tambour et trompette...* Antes que toda la satisfacción de la gratitud, virtud muy noble:

A él se lo debo todo, pues fue mi único maestro universal.

Que no quede onda de duda, de reticencia o de trasfondo que no se entrega:

Él formó mi corazón para la libertad, para la justicia, para lo grande, para lo hermoso.

En la arenga del Monte Sacro, en el fragor verbal donde coinciden discípulo arrebatado, maestro asombrado y ruinas impávidas, en la versión de Simón Rodríguez, tenemos que consignar dos errores, al perseguir las enumeraciones de prohombres, Lucrecio aparece como un satírico. Después del índice ofuscador de las grandezas romanas, se constata «más en cuanto a resolver el gran problema del hombre en libertad, parece que el asunto ha sido desconocido»,[27] concluyendo que es en el Nuevo Mundo donde ha de resolverse ese gordiano de la libertad. Basta citar a los Gracos, a Savonarola, o a Giordano Bruno, para convencernos de la temeridad del aserto; en cuanto a la libertad del Nuevo Mundo, sigue siendo una profesión, una divinidad para el futuro.

Las apariencias, que el clásico guardaba para la domesticidad y el cotidiano misterio de la cortesanía, el romántico las cuelga del balcón, donde asoman las noches sacudidas de relámpagos byronianos. Apenas desembarca Rodríguez en Colombia, vuelve Bolívar: «Un sabio, un justo más, corona la erguida cabeza de Colombia». Llega a Lima, para entrevistarse con Bolívar, el palacio ofrece sus encantamientos sucesivos en sucesivas puertas abiertas. Se desmonta de su caballo, y en el salón de recepciones Bolívar lo abraza con temblor. Pero entre el atuendo de la grandeza sin medida, ahí está Rodríguez con su vieja miseria, con el fracaso en Chuquisaca, con su mula de recorridos inmensos, desde Bogotá hasta el lago Titicaca, con su orgullo, con su fábrica de velas de sebo para despreciar en su irreductible y fijar la nobleza del condumio. Y la infamia nuestra siempre dispuesta a herir con espolón de cobre, en muchas de esas distancias, se le exige tomar partido en contra de Bolívar, para lograr facilidades de subsistir. Pero el buen viejo, tan seguro en su destino de fracasos como Bolívar en su destino titánico, en una carta que le dirige a Bolívar, donde adquiere una meticulosa sencillez incomparable, le dice: «¿qué voy a hacer yo en América sin usted?». Bolívar vive ya en el gran escenario de la transfiguración histórica de los destinos, y Rodríguez vive en el acarreo invisible, en el demonio de los mesones,

27 *Reflexiones políticas*, Barcelona, Linkgua ediciones, 2024. (N. del E.)

en el esplendor de la pobreza, y aunque Bolívar lo recuerda y lo quiere, la divergencia se hace más peligrosa para Rodríguez, que se ve obligado, ya maduro, a fabricar el itinerario de sus días con dificultades acrecidas por lo desigual de la intención. En la intimidad de Rodríguez, hay algo del Aleijadinho, sin estar tocado de la maldición; hay algo de Swendenborg, sin nada de sus profecías ni de su teocracia; hay algo de William Blake, sin su lirismo. Pero habita esas zonas del individualismo, donde después de haber recorrido pardas distancias, llega con su mula al higueral estéril y conversa consigo mismo al filo del paredón. Extremo ese en que el individuo se hace inapresable, conjetural, diverso de los puntos de vista. Poder mostrar un misterio, un desafío, como el de Simón Rodríguez, es un lujo americano, mucho antes de que pudiera esperarse y fuera una exigencia fructuosa. Une su destino al de Bolívar, vive noventa años, obsedido por su escuela y por sus innovaciones, pero nos causa la impresión de que Bolívar que tuvo la fuerza necesaria para interpretar y dar forma a un momento del destino americano, no la tuvo para entregarle a su maestro, no su alabanza admirativa, sino el diálogo del paisaje, que nos acompaña dándonos manso estribo, el puente de las dos riberas simbólicas, por el que este espíritu muy cargado, por la que este individualista de desesperada última instancia, pudiera soltar el ascua, deshacerse de la maldición, como esos orgullosos muy tiesos que ante una ternura clave se vuelven transcurridos, obsequiosos y reverentes.

Como reverso de las grandes odas bolivarianas, de sus victorias, Simón Rodríguez, recorre inmensas distancias, ya de setenta años, como héroe silencioso, hasta internarse en los tupidos centros americanos, de Latacunga hasta Quito, desde Arequipa a Ibarra, desde Huancané a Chuquito ¿esos nombres de recorrido no tienen como el sonido de las batallas bolivarianas? Son sus batallas del fracaso, sus sueños de maestro fugitivo, que quiere unir el falansterio con la academia, que estaba hecho para el diálogo que se da una vez en la vida, y su diálogo había sido nada menos que con el Simón Bolívar adolescente, que comenzaba como si fuese un coro sus ejercicios de pedagogía colectiva, pero al disminuirse por la rutina y ver que no surgía la gran excepción, cogía de nuevo su mula, indiferente a la pobreza y comenzaba de nuevo en la mañana del nuevo paisaje. Después de la muerte de Bolívar, exacerba la simpatía por el recuerdo. A donde quiera que llega, sitio casi siempre donde pulula el odio a Bolívar, se obstina en sacar de sus remendadas valijas su *Defensa de Bolívar*,[28] donde despliega el verdadero Bolívar, que a todos obliga a la reverencia y al acatamiento. Llegaba como esos encantadores de serpientes, con sus grandes cajas donde puede deslizarse por alguna improvisada rendija la ponzoña, dejando al encantador solo en su corredor de hotel provinciano, con sus cajas entreabiertas y la paz de ofidio dormilón. Su fidelidad a Bolívar revela las prolongaciones de su raíz, pues pasando por tanta satrapía incipiente, de jurado odio a Bolívar, donde una sonrisilla suya de acatamiento a la irreverencia, le hubiera traído canonjías, prefiere cambiar de rumbo y añadir una página a su memorable *Defensa de Bolívar*. Es entonces cuando Simón Rodríguez se decide a llegar a lo último, en el centro, con su cartilla y su profecía frente al bosque infernal, morirse de miseria, hacer sus velas de sebo para librar el sustento de la india que es su esposa y de su hijo. Muerto Bolívar en el destierro, él reedita otra gesta de igual grandeza. Morirse de miseria, de soledad. Cerca de los

28 Barcelona, Linkgua ediciones, 2024. (N. del E.)

ochenta años lo araña la amargura, sonando sus frases a la misma grandeza de las de Bolívar agonizante.

Por querer enseñar más de lo que todos aprenden, nos dice, pocos me han entendido, muchos me han despreciado y algunos se han tomado el trabajo de perseguirme. Por querer hacer mucho no he hecho nada y por querer volver a otros he llegado a términos de no volverme a mí mismo.

Sus excesos de generosidad han tropezado con los pellejos vacíos, su riqueza esencial ha irritado lo pedregoso y reptilar. Ya en sus finales, alguien lo invita a una nueva fundación, manteniendo a salvo su fineza para el amigo, le dice que «temía que el desprestigio a que él había llegado, lo pudiera perjudicar». Sabía ya que su contacto como la lepra del Aleijadinho, inspiraba peligro y muerte. ¿Por qué esa repulsión a uno de los más grandes hacedores que han existido por tierras americanas? ¿Por qué ese dejar al descampado a uno de los nuestros de más fascinación, que había profetizado, hecho y desenvuelto historia?

Procuremos dar una respuesta, válida en el caso de Simón Rodríguez y en la rencorosa miseria, que esta manera de ser, de alzarse, de despreciar, engendra y provoca. Era fuerte, era poderoso y tenía como ojos escamas para el conocimiento, y al final se ve reducido a la asombrosa perplejidad, pues ha engendrado un monstruo frío que lo encierra en una empalizada circular, que se contrae y lo agobia como un sueño malo. Aparte de lo que pudiera haber en él de ex-tipo psicológico, de hombre que solo intuye sus propias leyes abisales, despertaba las consideraciones que obligan a la defensa del interlocutor abochornado de su caída. Vivía en la libertad irreductible, tenía la irradiación del esplendor aun en la pobreza, engendraba una nueva causalidad. Esto es lo que explica los odios laberínticos, la desaprensión, las suposiciones groseras. Lo que explica que José Martí tuviese que desenvolverse en un clima de pedradas fangosas, de rastacuerismos, de cobardías que no se rinden, y que como furias, como contracoro, chillan el día que ven su cabeza cuarteada exhibida en comprobaciones que recuerdan a Eteocles insepulto. Lo que explica que un García Lorca ascienda como un delfín mediterráneo veteado de plata sombría en la medianoche de una tumba sin nombre.

Lo que explica que a un Simón Rodríguez, lo arrinconasen con su endiablado y poderosísimo yo en el último rincón del mundo, en lugar de ofrecerle suave diálogo, halago para el fundador misterioso del paso del hombre en la distancia que no se entrega. Anda ahora por tierras de Samán, de Taraco, de Pucará, de Azangaro. Allí lo sorprende un viajero francés,[29] interesado en rebuscas arqueológicas por el lago de Titicaca. Detrás del mostrador para venta de velas de sebo, una habitación que servía de alcoba, de laboratorio y de cocina. La india que lo acompaña, como para pagarle su devoción por la cultura incaica, de vez en cuando lo mira con mirada inolvidable de perra maternal, y vuelve al mostrador descalza. El viajero sorprende que aquel hombre abandonado a la miseria y a la serranía andina, habla siete idiomas, le da datos de etnógrafo sobre el sur del lago Titicaca y a los ochenta años, asombra la desatada fecundia de su verba. Se muestra obsequioso, brinda comida y alojamiento.

Llevaba la camisa sucia, dice el viajero francés, con el cuello arrugado, corbata deshilachada, poncho de color indefinible,

---

29 Se refiere a Paul Marcoy, «Voyage dans la région du Titicaca dans les vallées de l'Est du Bas-Pérou», *Le Tour du Monde*, tomo XXXIII, París, 1877, pág. 290. (N. del E.)

que dejaba ver un pecho velludo y curtido por el aire, pantalón de bayeta azul y zapatos claveteados.

Brinda lo que le queda, no con afán de mostrar pobreza, sino para que no deje de acompañarlo el espíritu de la obsequiosidad.

El lecho que me ofreció, dice el mismo viajero, era un cuchitril contiguo a la habitación en que habíamos cenado, componíase de dos pieles de carnero, cubiertas de un poncho de lona.

Ante la pinta fina recorriéndolo todo como con ojos de lince, la cortesanía, la filología gentil que conserva lo diestro en lo deshabitado, el francés arqueólogo «mira con asombro, con ese bonito asombro a la francesa, añadimos, de pies a cabeza, al singular políglota, dispuesto a preguntarle si no era el mismo diablo en persona». El viajero francés no puede sorprender que Simón Rodríguez estaba ganando sus últimas batallas, ofreciendo un inusitado de tanto fervor, que parece como si aún permaneciese en el macizo central de lo americano, su pequeña vela encendida. Su fuego, chupado por el colibrí, aclarado en las progresiones incesantes de la luz.

El amor cercano de la india, no estaba tan solo en su Eros, sino en su convicción de lo que había resuelto la cultura incaica.

La cultura de los incas, decía con ingenuidad, destrozada por los españoles, podía parangonarse con las más grandes del universo todo.

El socialismo del harnero colectivo, implantado por Manco Cápac, está en el centro de su devoción por la agricultura.

Pero, tal vez, lo que más le seducía de aquella cultura, sería el culto del dios invisible, cuyo único rito era besar el aire. Más allá del incaico culto solar, existía el Pachacámac, o culto al ánima de la naturaleza. Parecía contentarse con ese dios invisible, que ahora todavía debe estar alumbrado por las velas de sebo, hechas por su mano para alejar la miseria, y que su Eros secreto debe haber tornado visible, el día que la fulguración bolivariana se alzó para hablar sobre las ruinas y animar los presagios. Simón Rodríguez poseía un daimón muy irritado para ser un ciudadano del mundo. Tipógrafo en México o profesor de idiomas en Rusia, pasa como a escondidas, huidizo, sin liberarse de la maldición. Pero el primer gran americano que se hace en Europa un marco apropiado a su desenvolvimiento es Francisco de Miranda. Los que le han llamado un *Weltbürger*, como Humboldt o como Goethe, cometen un pequeño error disculpable por lo encendido de la devoción. El *Weltbürger*, se siente en todas partes como en su casa de investigación, y ya vemos a Humboldt solazándose con las danzas habaneras en las mansiones de la cortesanía más elaborada, mientras que en Goethe su errante curiosidad universal se tiene en torno de su centro estático weimariano. Miranda está demasiado atenaceado por la preocupación liberatriz de su pueblo, en Viena o en Moscú, parece intuir el calabozo final, no los infinitos calabozos sucesivos de fray Servando, de donde su espíritu en el dios invisible de los incas, será liberado el día de la entrada triunfal de Bolívar en Caracas. Su destino, entre las profecías sobre su grandeza lanzadas por Levater y las vacilaciones a que le obligan las restricciones de Mr. Pitt, tiene una onda de expansión, en que se lanza sobre grandes distancias y una contracción, en que se ve obligado a salir como disfrazado. Se lanza sobre la Rusia de la Ilustración, pero al fin Catalina lo encierra, frente a frente, en el salón rococó del Palacio Imperial. Entra en la cancillería de Mr. Pitt, pero al fin, pidiendo la devolución de sus papeles, sale disfrazado de comerciante, pues cuando cree tener más preparado a Pitt a favor de su causa, éste se inclina a España, como medio de combatir a Francia. Miranda se enredaba en los principios, Pitt se liberaba aliado con hechos. Cesada la dominación española en América, a Pitt receloso tiene que extrañarle el incanato de Miranda, la resurrección poderosa de ese imperio en el sur, que a Pitt, tiene que parecerle más inquietante que los finales decadentes de España. Pitt precisa que, en ese momento de la historia europea, el enemigo a vencer por Inglaterra es Francia, y Miranda se queda estático en el calabozo de Fouquier Tinville, mientras, paradojalmente, Pitt interpreta el destino.

Al llegar el Directorio con el derrumbe de la política de los jacobinos, Miranda con sus prestigios de general girondino y de brazo derecho de Dumouriez, es el más ilustre de los oficiales extranjeros que se han incorporado al destino de Francia, mientras Bonaparte es aún desconocido en el gran escenario, pues ya Miranda se ha movilizado desde la Rusia de la Ilustración hasta la Inglaterra de los economistas.

A la caída de Robespierre, el hombre de más prestigio en el ejército francés es el general Miranda. Sabida es la influencia de las mujeres en la caída del «incorruptible». Madame Tallien, la apasionada Teresa Cabarrus, lo impulsa a preparar la conspiración contra el abogadito terrible de Arras. Miranda tiene a su favor a Madame Pethion, la viuda del revolucionario, a la fogosa Custine y a la reflexiva Madame Staël. En esos momentos, en el Salón de Josefina Beauharnais solo se reclutan oficialillos tendenciosos. Por un momento el destino que habitó opulentamente Napoleón, está en las manos del general Miranda, y mientras éste vacila en descifrar un destino, Napoleón que sí lee en su estrella, lanza sobre él a Fouché, para hacerlo descender de nuevo a un calabozo. Pero con qué orgullo podemos constatar ese signo, el destino clásico más opulento de ese momento, alrededor de 1800, es el de Miranda. Además de su dignidad en el ejército francés, es coronel del Ejército Ruso y viaja con pasaporte de Catalina la Grande, es amigo de G. Washington y de John Tumbull, de Hamilton. Es decir, que tiene poderosas relaciones en los Estados Unidos, en Rusia, en Inglaterra y en Francia. Napoleón adolescente habla de su fuego sagrado. No lo pierde de vista. Pero ya en 1800 hay en el gran escenario de Europa un orgullo americano, el general Miranda es el hombre de más vasto destino, de más prometedora estrella. Napoleón está como deslumbrado por él, es hombre supersticioso, presume de leer los destinos. De pronto, como en un relámpago, él es quien asume el riesgo.

La historia política cultural americana, en su dimensión de expresividad, aún con más razones que en el mundo occidental, hay que apreciarla como una totalidad. En el americano que quiere adquirir un sentido morfológico de una integración, tiene que partir de ese punto en que aún es viviente la cultura incaica. La idea del incanato está poderosamente vivaz en las mentes de Simón Rodríguez, Francisco de Miranda y Simón Bolívar, durante el siglo XIX, se observa en todas las figuras esenciales de la familia de los fundadores, la tendencia a la aglutinación, a la búsqueda de centros irradiantes, reverso de la actitud a la atomización, característica del español en su país o en la colonización. Cuando el general Miranda visita a Mr. Pitt, buscando ayuda para la causa americana, le presenta a delegados cubanos, peruanos, chilenos. Claro que Mr. Pitt, viejo zorro, le pregunta por sus credenciales, por la raíz de su mandato, Pitt, a medida que va surgiendo la buena estrella de Napoleón, precisa que ese primer cuarto de siglo, en el XIX, tiene que ser continental, que el Corso ocuparía toda su atención. Pero el gran error hispánico de ese momento, consiste en no ver que el auge napoleónico, desvirtúa la atención inglesa para la causa americana y que la resistencia española frente a Napoleón, a medida que éste se debilita, tiene como consecuencia que Pitt vuelva a fijarse en América, favoreciendo su separación de España. Pero España se vincula con un inconsciente histórico, con Fernando VII, una figura de macrocéfalo goyesco, que no puede movilizarse en el gran escenario de su momento, el auge industrial de la política conservadora inglesa, la energía napoleónica y la independencia americana. Un Francisco de Miranda mantiene un gran tren de vida, pagado casi siempre por los Turnbull, por los Hamilton, y por otras figuras del coro que responde a la astucia de Mr. Pitt. Desaparecida del gran teatro europeo la fulguración napoleónica, la ayuda inglesa se hace más eficaz, pero ya Miranda tiene sesenta años, no intuye en sus días venezolanos el genio de veintiocho años de Bolívar, el cual se venga, haciéndole que se le encarcele, desautorizándolo y dándole, como lógica consecuencia, la oportunidad a Monteverde, de reducirlo totalmente a la ineficacia, que lo lleva de nuevo al histórico calabozo americano, donde el romántico desde fray Servando hasta José Martí, se ve obligado por la imagen de la lejanía, a reconstruir un hecho. Ya lo que le queda es morirse en el calabozo de siempre, mientras Bolívar se escapa de la ferocidad de Monteverde y se prepara a empinarse sobre la opulencia de su destino.

Ved un hecho que demuestra lo ya necesaria que es esa totalidad en la integración de una visión histórica americana. En 1842, el general Valdés, en la gobernación de Cuba, se muestra irritadísimo con los días habaneros de Mr. Turnbull, cónsul de Inglaterra, se le acusa no tan solo de abolicionista sino de propiciar levantamientos de negros en ingenios y granjas. El general Valdés presiona a la «Sociedad económica de amigos del país», para que expulsen al cónsul Mr. Turnbull. Conocida es la magistral y soberbia intervención de don José de la Luz Caballero, en contra de su expulsión. Si hoy revisamos las memorias y los documentos de Francisco de Miranda, tenemos la verdadera raíz de ese hecho. Fue John Turnbull, seguramente antecesor del cónsul, el que financia las relaciones entre Pitt y el general Miranda. Entre los secretarios de Miranda hubo varios traidores, que incluso pusieron en poder de autoridades españolas, documentos y detalles de las conspiraciones fraguadas en Inglaterra para la liberación americana. El general Valdés, tiene que haber conocido esos detalles a través de su cancillería y tiene que haber visto con los naturales recelos a ese nuevo Mr. Turnbull, que reaparece con las peligrosas actitudes iniciadas por su antecesor en la época del primer Pitt. Es decir, el historiador que adquiere una dimensión en nuestra historia, tiene que tenerla de la totalidad de la historia americana. Entre el siglo XVII y el XVIII, en aquellos gobernantes, que como Güemes y Horcasitas, gobernaron en México y en Cuba, en los ecos póstumos del barroco. Después en el primer cuarto del siglo XIX, la relación es entre Venezuela y Cuba, a través de los Gagigal, los conde de Casa Montalvo, que aparecen en el copioso epistolario de Miranda. Un fray Servando o un Francisco de Miranda, que pasan sus días habaneros sin aparentes consecuencias, vemos en una visión retrospectiva, que están vinculados con lo más creador de su época en nuestro país. Y que simples puntos de un itinerario, en la proyección del sentido histórico en su futuridad, al ser reanimados por esa retrospectiva visión histórica cobran una significación de una relevancia muy principal.

Para ilustrar el siglo XIX hemos escogido las figuras que nos parecen más esencialmente románticas por la frustración. Un Simón Bolívar se marginaliza en cuanto toca tierra prometida, en cuanto se detiene al nombrar una realidad. Hemos preferido el calabozo de fray Servando Teresa de Mier; la huida infernal de Simón Rodríguez hacia el centro de la tierra, hacia los lagos de la protohistoria; el caso complicadísimo de Francisco de Miranda, que se mueve como un gran actor por la Europa de la Revolución francesa, de Pitt y de Napoleón, de Catalina la Grande, en donde termina por hundirse en la extrañeza y volver hacia América, donde el destino joven de Simón Bolívar, lo deja sin aplicación ni apoyo, en donde se muestra incoherente, indeciso, uniendo su nombre al primer gran fracaso de la independencia venezolana. «Bochinche; bochinche, esta gente no sabe hacer sino bochinche», diría recordando sus buenos tiempos cuando se mezclaba a las conspiraciones galantes del salón de Madame Custine, o la conversación, toda en francés neoclásico, con Catalina en el salón rococó... Pero esa gran tradición romántica del siglo XIX, la del calabozo, la ausencia, la imagen y la muerte, logra crear el hecho americano, cuyo destino está más hecho de ausencias posibles que de presencias imposibles. La tradición de las ausencias posibles ha sido la gran tradición americana y donde se sitúa el hecho histórico que se ha logrado. José Martí representa, en una gran navidad verbal, la plenitud de la ausencia posible. En él culmina el calabozo de fray Servando, la frustración de Simón Rodríguez, la muerte de Francisco Miranda pero también el relámpago de las siete intuiciones de la cultura china, que le permite tocar, por la metáfora del conocimiento, y crear el remolino que lo destruye; el misterio que no fija la huida de los grandes perdedores y la oscilación entre dos grandes destinos que se resuelve al unirse a la casa que va a ser incendiada. Su muerte tenemos que situarla dentro del Pachacámac incaico, del dios invisible. No ha querido hacernos vivir dentro del ideal micénico del culto de los muertos, cuando agotemos, por el conocimiento poético, su sepulcro, él mismo nos llevará a nuestra pequeña empresa jónica, a la poesía como preludio del asedio a la ciudad, o su forzosa unión con la casa incendiada, que comienza aclarando un destino. Las palabras finales de sus dos *Diarios*, nos recuerdan las precauciones que se ha de tomar por las moradas subterráneas según el *Libro de los muertos*. Pide libros, pide jarros con hojas de higo. Ofrece alimentos «con una piedra en el pilón para los recién venidos». El valle parece exornar sus gargantas para el recién venido, el cual comienza a reconocer y a nombrar, a orientarse en lo irreal, según los cultos órficos, por la gravedad del pan, el equilibrio de la escudilla de la leche y los ladridos del perro. Sus *Diarios* son el descubrimiento táctil del desembarcado, del recienvenido, del duermevela, el entrevisto. Preside dos grandes momentos de la expresión americana. Aquel que crea un hecho por el espejo de la imagen. Y aquel que en la jácara mexicana, la anchurosa guitarra de Martín Fierro, la ballena teológica y el cuerpo whitmaniano, logra el retablo para la estrella que anuncia el acto naciente.

IV. Nacimiento de la expresión criolla

Cuando ya habíamos indicado, en el siglo XIX, los grandes encalabozados, los desterrados galantes, los misántropos huidizos, los inapresables superiores de veras, hay como la otra corriente sumergida, donde aparecen los retablos verbales que nos dan rebrillo y liberación de la casa metropolitana. Al tiempo en que un fray Servando llora su reuma en las sucesivas prisiones peninsulares, la abeja boquirrubia del soneto y el aguijón de la avispa en la décima silbante van tirando del manteo de la falsa jerarquía, de los tortugones amoratados. Cuando el feroz Monteverde acuchilla a los conspiradores y a los bravos del campo llano, surgen por los estrellados de la Banda Oriental, las grandes guitarras estancieras que entonan los cielitos del odio a Fernando VII. Y en el nuestro, el mayor de todos, en José Martí, con su gran serenata desde la bandurria del octosílabo hasta la campanada de sus notas para la muerte, en que todas las sorpresas del bosque sombrío están como comprobadas en un toque para la vibración.

En las fiestas de Nevruz, en la Persia del libro de las leyendas, al comienzo del año y de la primavera, se volcaba en la gran feria, junto con el primor nativo, hecho a vista de todos, con el aviso de la visita de lo desconocido y maravilloso, hasta que en el cansancio del fin de la feria, llegaba el indio con el caballo encantado. De la misma manera, después de la fatiga verbal que se observa ya en la época de Felipe IV, tiene que acudir el encantamiento de la voz que se alza corpulenta como la noche que absorbe el ombú, en el vivaqueo de los estancieros sureños, en la conceptista sátira vecinal del virreinato mexicano. Por lo mismo, como en las dificultades para la emisión que aparecen en el *Popol Vuh*, el americano no recibe una tradición verbal, sino la pone en activo, con desconfianza, con encantamiento, con atractiva puericia. Martí, Darío y Vallejo, lanzan su acto naciente verbal, rodeado de ineficacia y de palabras muertas. El sentencioso se puede volver cazurro; el reflexivo puede adormecerse en el fiel del balanceo. Pero el americano, Martí, Darío o Vallejo, que fue reuniendo sus palabras, se le concentran en las exigencias del nuevo paisaje, trocándolas en corpúsculos coloreados. En todo americano hay siempre un gongorino manso, que estalla su verbo al paso del vino, confortable, no trágico como en el español, en el bautizo ingenuo o en el día en que naufraga deliciosamente en cobranzas aljofaradas.

En el aventado carbón encendido de la sátira hispana, desde el Mingo Revulgo hasta el Caballero de la Tenaza, sorprendemos la rabia del mentidero para el escozor de los poderosos o el cuerno cortesano. Villamediana o Quevedo, Góngora o Polo de Medina, deslizan papelones como tábanos de una furia cominera, tronal o de rasante vecinería. Quevedo consiguió unos personajes, hecho como de mazapanes verbales, «el tiempo bastardo y perdido»; unos desposorios, engendradores de hijos nocturnos, tales como Desdicha y Necesidad, casada con Dispensación, estableciendo la ringlera interminable de su familia. «Bueno está eso», «Qué le va a él», «Déjese de eso», son como una sustancia verbal, que Quevedo asciende de la ceniza, pero que siglos más tarde Goya ilustra y aclara. La hincha con sangre. El sombrío calaverón quevediano parece danzar de nuevo cuando Goya, le pone debajo de los monstruos excepcionales las frases de todos los días, que ya Quevedo había envenenado, como esa gran piedra donde esperan turno los ajusticiados. Las genealogías golpean como un báculo de oro en el modorro. Se establece el árbol heráldico de la necedad, lleno de gorriones decapitados por el gavilán amarillo ceylán. En el mismo trono sitúa la fealdad de la corte de los milagros, enanos, contrahechos, gigantomas, zambos, que Goya después aúpa de cortesanos a reyes, bailando dentro de la chaquetilla, narigotudos, lamidos por un perro de agua. Quevedo vuelca toneladas de aciertos verbales sobre un rabillo moralizante. Su tristeza de color, que le restregaba Góngora, empieza por no crear monstruos, en cuyas mollejas como tamboras se tritura su embestida verbal. Cuando encuentra una palabra preciosa, como comicantano, es para enfrentarla al cornudo jubilado. Su rapidez y ajustes verbales uno de los más grandes que hayan existido, moviliza una enorme carga verbal para aplicarla a insatisfacciones, defectillos y rabia titánica. Al final del tratamiento de un *cocu* en Molière, hay como una ternura compasiva, pero Quevedo con un enorme bastón verbal magulla al pobre diablo, lo tritura y deshuesa. La imaginación de Quevedo es gravitante hacia el centro de la tierra, los infiernos griegos; como un murciélago de ónix con ojos que son migajones de plomo, muestra una manera de reconocer, que necesita como la brusquedad fría del pisotón.

Pero ese golpetazo agudo, que se agrandaba como una vejiguilla en monstruosa carpa, propinado sobre el rabillo de lo soez, del lince malintencionado adentro del pelo fino, tenía como un resguardo secular impenetrable, que era la sentencia estoica, el enchape de lo moralizante romano, del soneto donde la forma despide un aire de lección para la muerte, como si dichos y venturas tuvieran el respaldo de esa prueba sepulcral. El esqueleto y la ruina, la balanza y el amor, como un estoque que fuera a la vez un caduceo. El soneto lo ajusta como un costillar, pues por una precisa y rápida paradoja, impulsa su vida como prisionero de ese costillar, a la manera de esos cráneos que sirven de macetas alzando la flor y sintiéndose en su fundamentación la mondadura del gusano. El negror de su chaqueta de Santiago viene bien con una plata fría, de muy altiva dignidad, con un rojo de sangre mezclando con entrañas terrosas. Hay algo en él de la severidad de Zurbarán, de la esqueletada de Valdés Leal, pero su aporte esencial es el ceño, el entrecejo que mira como un arco de ballesta, pero que un agua mala, donde está el ángel tenebroso para nuestra raza, consigue un tono alto severísimo, pero no el registro de la diana, en la festividad del triunfo de todos, sino el calaverón por anticipado que dicta y borra y hace más burlas que son indescifrables, pero que al fin leemos por encontronazo.

La espuma del tuétano quevediano y el oro principal de Góngora, se amigaban bien por tierras nuestras, porque mientras en España las dos gárgolas mayores venían recias de la tradición humanista, en América gastaban como un tejido pinturero, avispón del domingo que después precisamos aumentado y nimbado en la alabanza principal. Para adelantarse con la innovación métrica y desigual, o para recogerse cuando pega la desbanda mala, era una necesidad de lo bonito, un puente menor, de sabrosa domesticidad, entre la religiosidad del tuétano y el fósforo abrillantado de la osteína. Es como una seguridad que parte de la sobremesa, de la despedida, del buen entrar en la oficina despiadada, del dormir con el reconciliado signo de la muerte, y por otra parte un deseo de expresarse en el barberito, que lee y que escucha, pero que se queda a medio camino, porque la religiosidad mediana que lo impulsa a llegar a lo formal, no es la porción misteriosa que da una vocación llevada por la continuidad aclaradora de los años, sino por el saber que se está en una región central del fuego con los ojos muy abiertos, como una salamandra que llevase la sal para chisporrotear, sin temor a cegarse. Y aunque en esos momentos el pinturero retrocede, por haber jugado siquiera a lo fino inesencial, le queda un ascua en la memoria.

En el transcurso de ese pinturero, que ha estado por los alrededores y que tiene sobremesa, le queda un buen reojo para la cortesanía, para la fulminación de la maldad y para la gracia de la verba pintada. Pero ese barberito pinturero, cuyas gracias son intermedias, a veces se recompone, y como Juan sin nombre es cuando viene a realizarse. Mientras pensaba alzarse con el nombre se quedaba corrido, pues no está en la vocación, que no se sabe si ya es vocación, plato de la voluntad, sino mandato sobrenatural, indicación indescifrable que viene a cumplir. Ese anónimo tiene también aplicación, pues se da a la sátira de los poderes, contribuyendo al traspiés de lo autoritario, a la letra que se va a cantar con un grotesco anudado caricaturesco. Es la antítesis de la manera de la sátira quevedesca, que se limita a la hipertrofia de la verba sobre las costumbres, pero que no trae alteración, pues no se vincula con lo popular que trae la nueva corriente, el verídico nacimiento. Pero por lo americano el estoicismo quevediano y el destello gongorino tienen soterramiento popular. Engendran un criollo de excelente resistencia para lo ético y una punta fina para el habla y la distinción de donde viene la independencia.

En el banquete literario, el americano viene a cumplir la función del que realiza la prueba mayor. Después de las bandejas que traen el horneado, las frutas sonrientes y el costillar auroral del crustáceo, viene la perilla postrera, como podía haber sido el confitado o crema para barrer con el aceite o la pella, que sirve de intermedio entre el fuego y el estofado. El occidental, amaestrado en la gota alquitranada, añade el refino de la esencia del café, traído por la magia de

las culturas orientales, que trae el deleite de algunas obertu-
ras a la turca realizadas por Mozart, o la referencia que ya
hicimos de algunas cantatas alegres en que se entretuvo el
majestuoso divertimento bachiano. Era esa esencia, como un
segundo punto al dulzor de la crema, un lujo occidental que
ampliaba con esa gota oriental las metafísicas variantes del
gusto. Pero a esa perfección del banquete, que lleva la asimilación a la cultura, le correspondería al americano el primor
inapelable, el rotundo punto final de la hoja del tabaco. El
americano traía a ese refinamiento del banquete occidental,
el otro refinamiento de la naturaleza. El terminar con un sa-
bor de naturaleza, que recordaba la primera etapa anterior a
las transmutaciones del fuego. Con la naturaleza, que rinde
un humo, que trae la alabanza y el esencial ofrecimiento de
la evaporación.

Este primer interventor en la sátira que pega por el subterráneo es el Juan Lanas, el Juan Pueblo poeta malo necesario. Hay el poeta malo, el Angiolieri del odio al Dante, signo
de la corrupción de la fruta, que para nada sirve sino es para
envenenar y confundir. Pero hay el poeta malo de buen dejo,
que viene en la descendencia de la juglaría, cuando la poesía
hizo su refino florentino, su acopio de fábulas galantes, que
tiene su alegría en su cohete burlador, cuya raíz está en una
zona donde no corre la literatura, pero que hace de la poesía
una moneda de relieve apagado, pero de sanguínea flor de
feria. En la poesía que prescinde de la literatura, pero que se
suelta como un amuleto alegre. Convence prontamente que
da un toque acompasado que la vida necesita. Se extiende
en la hoja del cuchillo, rodeado de guirnaldetas y con letras
voladas dice: «Soy tu amor». En el pregón de los dulceros
viejos: «alcorza, alcorza, el que no come no goza». En los
estribillos de los negros en su día de reyes: «Petrona e mi

peso, si tú no me lo das le arranco e pecuezo». En los carritos madrugadores, que llevan como si fuera un tatuaje: «Sigo el destino; yo voy y vengo, a nadie envidia le tengo, sufre»; «el guapo de Lanus»; «Mírame bien, soy siempre el mismo; me lo hubieras dicho». O cuando en nuestros transportes, asoma un cojo, despliega como una banderola sus números de billetes, y exclama: «la araña nunca engaña». Ahí la poesía se presupone fácilmente gananciosa, pues sus frases, simples palabras, —«sufre»— arrancadas, asomando su hociquillo de sirena que ha rechazado los innumerables hocicos de la manada. Nacieron para quedarse, pues tienen del mineral, de la costumbre y del milagro. Tienen algo del silencioso redoble de la muerte en el día en que nos morimos. Pero mientras tanto nos miran con ojos saltones y nos demandan.

Este poeta malo imprescindible, que asciende hasta una frase, o apartada palabra, es también hombre aposentado en un solo libro, que lo vio por todos los días, que sin ser lector, cuando se ve obligado a lecturas, tiene que marchar hacia ese libro uno, que lo espera, que se constituye en silencioso monstruo que espera las migajas de un ocio que le pertenece. Surge de esas casas sin libro, de esa cuartería muy nutrida de loros, pianos viejos y fundas con letras inexplicables, donde de pronto asoman ediciones de baratillo de Quevedo, con mitad de chiste desabrido y su otra mitad para los sueños; un Espronceda para el suicida y el anarquista, el amargo, el desaprensivo, que se retira de la insignificancia de todos los días con un pozo para la maldad que se acumula y se arrincona; un Bécquer, que provoca la mariposa y el pintiparado, las ventanas con tiestos hormigados. Conocemos una persona casi analfabeta. Nos acercamos por la sorpresa de que portaba un librejo. Leía dificultoso y como a sílabas, pero ¿qué es lo que leía? *El progreso del peregrino*, de Bunyan, edición gaceta, sin consignar el traductor. El itinerario de ese libro hasta llegar a la analfabeta, no mostraba capítulos complicados. Lo había heredado de una cuñada espiritista también en el casi analfabeta. *El progreso del peregrino*, de Bunyan, recostado y apretado en una biblioteca de tres mil lomillos, puede bostezar y justificar caprichos. Bunyan había cultivado el difuso espíritu, no el espiritismo, pero por haber fundado sectas religiosas, cultivado persecuciones, se le emparejaba en aquel brumoso sector. La cuñada espiritista, cuya muerte tan solo había hecho posible el donativo del libro único, había llegado a la tesonera sentencia de que «el espiritismo es la esencia de las religiones». Pero las conclusiones son obvias, la obra de Bunyan en una biblioteca, naufraga, se entrelaza en un ordenamiento cultural, donde se diluye. Su único en manos de un silabeo sin rectificaciones, asciende hasta la sentencia entrañable. Un idiota puede tener un día genial, y decir buenos días. Pero en ese día él es confiadamente terrible.

La sátira cuanto más brotada del libro único, pulsado por Juan Lanas, hace más diana. Cuando más anónima más pincha y hace visible el hombre atacado. El anónimo le da la ceguera de la arremetida. Por eso Quevedo que rubrica, con la cruz de Santiago en su pecho expandido, se pierde en el calabozo. Y a Villamediana que más se le atribuye cuanto es mayor la pimienta del ingenio, se le supone a todos los rincones que andan detrás del ballestazo que lo refrigera. El Juno Lanas de la covachuela, que carece de la cruz que rubrica y de la suposición ingeniosa, da en la coraza y tumba como soplando. Pero el Collot d' Herbois carnicero, aunque pegue en punta desde la sombra, solo produce la hecatombe inútil en la que él es la primera rata atrapada.

El lenguaje que va aparejado en esas sátiras del virreinato mexicano, es el de las migajas de otra clase de festín mayor. Si es en la décima busca el apoyo del agudo chirriante, como si reclamase el guitarrero. Es el cura que arremete contra el obispo para hacerle turulato a su excelencia:

> Con uñas de serpentón
> y con garras de caimán,
> el formidable jayón
> embistió a la Concepción.
> Pero le quebró el ramplón
> cartabón del escarpín
> de una mujer al mastín
> la cholla calva. ¡Qué buen
> porrazo llevó en la sien
> del molde del becoquín!

El obispo entrega el plieguillo a la Inquisición mexicana del XVIII. Cunde el miedo y el curita se entrega. Su justificación temerosa está en que dice que lo hizo por bufonería. Pero eso también es difícil, y la gran bufonería solo está en Rabelais y parte de un lenguaje agrandado por las burlas del tramo filológico greco latino, y con latines de sacristía y mala rabia no puede justificarse el artero soplón. Es el reverso sombrío y malo de la grandeza, y al tiempo que fray Servando va de calabozo a fuga, de conspiración a fiebre, existe el otro curita que ataca frunciendo los labios en el sótano. Si todo eso puede insinuarse como la pequeñez demoníaca que produce un hecho, en cuanto éste se declara, como que ese mismo hecho los revela y hace que salga la rana albina a su reclamo, allí ya quedan inutilizados y despedidos. Entonces es cuando los pocos fray Servando, muertos o vivos para la agonía, se calzan la inmortalidad de grandes botas de agua que retumban en el siempre.

Otras veces es la formación de bandas agresivas dentro de las pocas familias feudales, como Montescos y Capuletos de opereta bufa, que se pueden mostrar. De acuerdo con el partido que toman el arzobispo o el virrey, viene así el veneno de la ballestilla. Pero ahí empieza el clero a oponerse a los virreyes, en forma de demandas locales y de rivalidades de oficio. En esa sátira de subterráneo, de mala raíz en la picaresca española, por tierras americanas va alcanzando una transmutación, pues se le va sumando lo popular que favorece la independencia y la voz que va rescatando el lenguaje de propia pertenencia.

No siempre esa sal recae sobre los poderosos de mando consagrado y sus dictados, sino que a veces se llega al hecho puro, con derivaciones de folletín, al suceso que se alza por el canto o entono de ciego. Es la palabra que tiene ya que penetrar aconsejada por la música. No es la sátira a los virreyes, que nunca llega a tener fuerza de anclaje propio, sino ese encuentro en que la poesía y la música provocan propios concéntricos, demandan un *simpathos*, por el hecho de que ha ido a la plaza, ha salido en busca de todos. El hijo del as de espadas, vulgar duro de oficio, que es en su fondo un roto grandote tímido, se enternece en cuanto le dan con la guitarra y la querencia palabrera.

Ese acompañamiento de la música a la letra del anónimo, se gana en el mexicano corrido. Buscando el empeño fácil y rodado del octosílabo, como en el romance hispano, va por muy otro lado. El romance se aplica al gran hecho histórico, carolingio o mozárabe, a la pena que por la relevancia que la ejercita obliga a todos en su participación. Pero el corrido puede empeñarse en hechos de significación menor, defensa de plaza, sombra de ejecución, pero lo que más lo nutre es el suceso del folletín y las lágrimas provincianas de Telésforo por Irene. En el fluir del corrido asoma ya la querencia, que en la Argentina alcanza la plenitud de su ternura penetrante. «Cuando estaba más contenta, Rosita Alvariz murió.» Querencia que puede llegar la destructora furia: «pa que te acuerdes de mí te dejo esta puñalada», donde trata de asegurarse como un tatuaje en la muerte. Es innegable que el corrido soporta una gran prueba, que es asegurar el cantar de la fabla popular, después que el romance dejó de fluir. Sin tener la gravedad ligera del romance español, el corrido reclama un habla para el canto, en la misma dirección, aunque en menor escala, rueda las palabras en la música para que no graviten con exceso en la mortandad del adensamiento.

El corrido está situado entre el recorrido del romance y la intensidad de la copla. Nace como de la cuarteta de la copla que se debilita y busca apoyo en la cadena del romance. Como está hecho para narrar no alcanza la intensidad de la copla, acogida a un instante del frenesí o del sollozo. Aquí no encontramos la sátira fulmínea y acucarachada que sale de la covachuela y del Juan Lanas sombrío. Hay como una ascensión a la voz plena, a que se sepa y se diga y se propague. Su nacimiento está muy alejado de la rebelión antihispánica, si no, por el contrario, surge de la propia rebelión ante maldades nuevas. Mientras se vacía con una frescura que le da en la cara, tiene vida, pero cuando busca acompañamiento político se extenúa, y según algunos comentaristas, después de 1930, en manos de intelectuales que lo remiendan y de buhoneros que lo utilizan, entra en sus finales perentorios. En parte se aleja de lo hispánico, pues aunque en apariencia se avecina con el romance tiene una manera muy americana de combatir con alegría, de arengar con lujo verbal aunque no se comprenda. Aquí, en el corrido, aquel hombre de la covachuela, del libro único, que le daba por el silbo sombrío y por el veneno, se levanta por el canto a la alegría, a la anunciación, a despertar la bondad de un poco de lástima.

Su raíz está en la querencia, en el diminutivo en la imploración. En el corrido para *La muerte de Emiliano Zapata*, se dice:

> Corre, corre, conejito,
> cuéntales a tus hermanos.

o en otro corrido:

> Mi amor es como el conejo,
> sentido como el venado.

Ahí vemos reaparecer el conejillo, que vimos en el *Popol Vuh*, al lado del colibrí con sus mañas para escaparse entre la niebla con el rabo corto.

En el argentino la querencia tiene algo de la maternidad del ombú. Como el ombú no busca caminar en el desierto, es la casa del desierto, el sitio donde cae la noche y las estrellas. Es como una protección tierna ante la grandeza. Es esta frase de Ricardo Güiraldes:

> Sentí que la soledad me corría por el espinazo, como un chorrito de agua.[30]

La atractiva gracia de la frase radica en la fulminante contraposición y soldura de soledad, y lo que corre por el es-

---

30 *Don Segundo Sombra*, Barcelona, Linkgua ediciones, 2024. (N. del E.)

pinazo, con la rica esencialidad de la médula, y el gracioso diminutivo chorrito de agua. Al fundirse en punto de gracia, la fuerza de la frase, sin perder el toque de su vigor, se irisa con ternura.

Con alegría saboreamos el desprendimiento y liberación del corrido en relación con el romance. Con la misma alegría para la aparición del grabado, al tiempo que el corrido alcanza el mayor lujo de su garganta. De los sueños, de los infiernos quevedianos, de sus nupcias de modos adverbiales, surgen los demonios, monstruos y murciélagos goyescos. *El sueño de la muerte*,[31] en Quevedo, prepara el desfile de un tiovivo con la pobre gente, pero rehusa las burlas mayores, que son las que necesitaba América, así cuando en los infiernos alguien pregunta por Felipe III, se le responde al punto:

Fue santo rey, y de virtud incomparable según leí yo en las estrellas pronosticado. Reina Felipe IV dos días ha, se oye entre las sombras,

y el comentario,

que ya ha dado el tercero cuarto para la hora que yo esperaba.

Entonces es cuando se pierde en sus disparos a Chisgaravis, que viene de la Edad Media, y que reaparece por la sátira mexicana de la colonia, para constatar Quevedo que hay más de doscientos mil de ellos en París. Pero esa estadística no le pierde la reverencia mayor, con fuerza destructiva. La fauna que coloca Quevedo en los infiernos, los Chisgaravis, los

31 Barcelona, Linkgua ediciones, 2024. (N. del E.)

Pero Grullo, los Don Diego de noche,[32] hoy no nos interesa, pues en los virreinatos nuestros había que bajar a las profundidades las eminencias alterosas y no muñecos embetunados por un gran festín verbal.

El corrido produce como una alegría retrospectiva sobre las jácaras de Quevedo. Cuando después del afán noticioso, de la cantoría, del entonarse en la vida y en la muerte, que está en el corrido, volvemos de nuevo sobre la jácara quevediana, aparentemente cenizosa, parece como que se colorea de nuevo, que soldara sus huesos y lograra nueva pulpa. Para un español, lector de la época áurea, el conocimiento de los cronistas de Indias, puede pasar como prosistas menores, que añaden un primor o una gracia de primitivo. Pero el americano encuentra en esos cronistas de Indias sus primeros prosistas, los hombres que hablan porque el paisaje les dicta. De la misma manera, la jácara de Quevedo va de la niebla al hielo, por falta de entono popular, de coplilla, de guitarra, de querencia, pero cuando ornado con esas regalías americanas volvemos sobre las jacarillas, les prestamos vida agrandada con el paisaje nuestro. Quevedo parece hecho con un ojo y medio oído superpuestos. Sus sentidos ofrecen esas pausas sombrías, motivadas por el tiempo en que un sentido se sumerge hasta que encuentra su complementario. Por eso don Luis y Quevedo, tuvieron que hacerse americanos, para alcanzar circulación en el paisaje, influencia sobre nuevos tuétanos, rebajados y subidos, pulimentados por un agua nueva.

Las armas en el grabado goyesco eran símbolos de una teología donde la caída aparece siempre acompañada de unos

32 Don Diego de noche es un personaje del *Sueño de la muerte*, de Quevedo y también una obra homónima de Francisco de Rojas Zorrilla, Barcelona, Linkgua ediciones, 2024. (N. del E.)

golpes con escoba sulfúrea. Para combatir ese mundo tragicómico que se desmorona, Goya emplea, además de su genio que lo pone siempre a flote, las luces de la Ilustración. El grabador mexicano, que acompaña siempre a su corrido, no tiene un mundo teológico, sino la referencia circunstanciada. Si ese grabador dijese con Paul Valéry, los acontecimientos no me interesan, estaría perdido. Partiendo del suceso, ya político, ya de crónicas de hechos de sangre, se convierte en José Guadalupe Posada, en una inmensa esqueletada sonriente. El miedo a la carroña en la Edad Media apesadumbraba sin tregua. Los jesuitas para apuntalar el mundo medieval que hacía crisis en sus valores externos, convirtieron las postrimerías en el tema central de sus ejercicios. La reacción del mundo de la Ilustración, con su liberalismo y su progreso indefinido, era un mundo que dependía del cuerpo a que se enfrentaba. En América la reacción contra las postrimerías y la carroña se debilitaba, pues un nuevo paisaje demandaba nuevos ofrecimientos, que ahuyentaba centrarse en la muerte... Por eso, el grabador José Guadalupe Posada, realiza la esqueletada sonriente, la conversión del bullicio, del hecho, en un esqueleto que sonríe. Hemos visto en algunas dulcerías mexicanas, figuras de alcorza que eran un cráneo. Y para incorporarse el merengue en forma de cráneo, hay que poseer, desde luego, una inmensa voluntad sonriente.

El grabador mexicano, que está en la raíz de nuestra expresión, partía de un surgimiento anónimo, tanto que José Guadalupe Posada, se debe más al hecho multitudinario que al rescate de su yo. Por eso Diego Rivera, en palabras que habrá siempre que repetir, dice:

Posada fue tan grande, que quizá un día se olvide su nombre, y está tan integrado al alma de México que tal vez se vuelva enteramente abstracto; pero hoy su obra y su vida trascienden (sin que ninguno de ellos lo sepa) a las venas de los artistas jóvenes americanos.

El tequilero, los muchachos papeleros, los bailadores de jarabe, Huerta y Zapata, los amantes, Doña Tomasa y Simón el aguador, los fifís, pasan como esqueletos inconmovibles, que no han olvidado la cotidianidad de su sonrisa. En sus ilustraciones, en la mejor época del corrido, su paralelismo con el hecho que las produce, es casi genial. A veces sus grabados me han recordado las ilustraciones de algunos libros de Raymond Roussel, particularmente *El suicida*.[33] Su realismo, si es que esa palabra lo expresa, es como el punto invariable alcanzado por una forma de raíz muy soterrada, necesaria y fatal.

La sátira mexicana de los virreyes mal se libera del cenizoso quevediano, y al alzarse después el cantío de los corridos estaba todavía demasiado presionada por las jacarillas y la esqueletada de Posada. Pero la alegría de la verídica nueva expresión tiene un matinal sureño. Los hombres de la ciudad que pasan por las estancias oyen al hombre de la llanada con el canto. Se han inventado sus palabras necesarias, el facón para el cuchillo sudado, y el redomón para el potro de su costumbre. Parten de la pronunciación, del aliento que en cada tierra aspira y devuelve a su manera; parten de la pronunciación, no de la ortografía, y el idioma suena otra vez a clásico, en esa toma por asalto de sus palabras.

Al tiempo que el feroz Monteverde acuchilla a los caraqueños separatistas, empieza por la banda de la Argentina y Uruguay, a combatir con querencia, a manejar el acento

---

33 Se refiere a uno de los dibujos de Henri-Achille Zo, para las *Nouvelles impressions d'Afrique*, París, Lemerre, 1932. (N. del E.)

como llave que penetra el paredón. Las huestes de Fernando VII, entran y abandonan ciudades, perseguidos por los cielitos uruguayos de Bartolomé Hidalgo... Cielito, cielito que sí, y después un castigo, una referencia a la maldad que se consuma. En la conmemoración jubilosa el cielito acerca por el cariño apegado del relato, o cuando el estanciero va a hundirse en las maravillas de la ciudad, relata también con ternura para evitar el asombro que separa.

Lo primero que señalamos en estos poemas gauchescos es su necesidad, su nacimiento de cosas muy cosidas en acontecimientos y entrañas. Todo eso forma su imprescindible clásico, su tono de hombres, que lejos de restarle y prestarle separación, lo iguala con todo lo producido seco, escamado y fatal. Si vemos al gaucho con el poncho a medio envolver, rodeando el brazo para parada y defensa, al punto el comentarista se ve obligado a anotar: ya se usaba entre los romanos lo que ahora llamamos combatir a capa y espada. Viene la cita de Julio César: envuelven la manta en el brazo izquierdo y sacan la espada.[34] Fuerte nacimiento de literatura clásica, es decir, clase poderosa y saneada, necesidad que crea su forma, libertad que nace exenta de precauciones y resguardos literarios.

Lo primero es ese hombre natural que emplea el idioma con decisión y tono, dando su pechada, su expansión, con un júbilo incontrastable. Es el buen gesto de echarse al agua, de sentarse a la mesa con decisión rotunda:

> ¿Se acuerda del fandangazo
> que vimos en lo de Arzdújar
> cuando el general Belgrano

---

34 Sinistras sagis involvunt, gladiosque distringunt, *De Bello civili*, I, 75. (N. del E.)

> hizo sonar los cueritos
> en Salta, a los maturrangos?[35]

Ahí el idioma está tomando por su alegría, no por la tradición humanista que le llega en un momento en que se ve obligada a destellar. Sus hallazgos son de aumentativo que conlleva una expansión, fandangazo; por diminutivo que lleva una graciosa contracción, hizo sonar los cueritos. El propio relato, sin necesidad de cultivar excesos, le da el nacimiento del lenguaje como quien doma una situación y ya la fija:

> Comieron con gran quietú
> y después de haber sestiao
> ensillaron medio flojo
> y se salieron al tranco
> al rancho de Andrés Bordón,
> alias el Indio Pelao.[36]

Lo más valioso en el idioma es el destino afortunado de su uso, como artesano, el pescador, aquí el estanciero. Se ve cada palabra en la mano dura que se ejercita. Cada palabra, en su acento, ha pasado por el saboreo, y después para darse, ha sido apretada por la mano:

> Cielito, digo que sí,
> de hambre morir no quisieron.
> Y les encuentro razón
> porque estarían muy fieros.

---

35 *Nuevo diálogo patriótico*, Barcelona, Linkgua ediciones, 2024. (N. del E.)

36 *Nuevo diálogo patriótico*, Barcelona, Linkgua ediciones, 2024. (N. del E.)

Viéndose entonces perdido,
irse pensó por la costa,
y Cochkrane meniando bala
fue matando esta langosta.

Cielito, digo que sí,
por fin el pobre juyó
y el Callao con sus cangallas
a San Martín se rindió.

Solo el general Ramírez
quedó y también Olañeta,
pero, pronto, me parece,
que entregarán la peseta.[37]

Si nos detenemos en la expresión: «Cochkrane meniando bala / fue matando esta langosta», tenemos que considerar su surgimiento más que de la representación cerebral, de la adecuación entre objeto y representación por medio de la palabra, parece surgida de ese apresamiento rápido traído por la conciencia medular. Consiste en ese bulto oscuro, movedizo, que forma el hecho, abriéndose como en una indetenible diversidad de irradiaciones, y lanzando sobre él una palabra no adecuada por la costumbre, sino otra que levantó de nuevo la frase para la gracia verbal.

En esas distancias de la tierra y la palabra, de las pausas del ombú y del requiebro de la querencia, se constituye el señor estanciero, que viene sucesivo al desterrado romántico, con signo muy opuesto de vida, aunque en igualdad del perfeccionamiento en la instalación recuerde aquel paisaje

---

37 Al triunfo de Lima y el Callao, Barcelona, Linkgua ediciones, 2024. (N. del E.)

disfrutado por el señor barroco. Su disfrute no está en el goce de las golosinas de la inteligencia o del gusto, sino en la doma. En la constitución de ese señorío, a través de las vicisitudes del que marcha a establecerse estanciero, o del que establecido se derrumba. No puede alcanzar ese disfrute del señor barroco, porque se ha establecido un vacío, al integrarse el separatismo, vacío que tiene que llenar de nuevo y fundar un dominio verbal y terrenal. La peligrosa distancia con la que se enfrenta, amparado por la casa copa del ombú, le prepara la mano dura para la doma y la novedad de su grupo de palabras.

El galpón, la gran sala del señor barroco, reaparece en el estanciero, pero tan solo como un momento que motiva la concurrencia y la rápida huida:

> Yo quise verlas un rato
> y me metí en el montón,
> y tanto me rempujaron,
> que me encontré en un galpón
> todo muy iluminao,
> con casitas de madera,
> y en medio muchos bancos.[38]

Aparece como la casa de la magia y la sorpresa, donde se presenta el estanciero excepcionado por unas súbitas vacaciones y de donde sale para el coro del relato, donde apunta la sorpresa y la ocurrencia sin espera. Buscando la feria, en la ciudad se encuentra con la gran sala que lo encandila y lo restablece de nuevo en lo suyo de todos los días, pero como quien ha oído el relato de las leyendas y está tranquilo en las

---

38 *Nuevo diálogo patriótico*, Barcelona, Linkgua ediciones, 2024. (N. del E.)

maravillas. No disfruta del galpón, de la gran sala, como extensión de la voluptuosidad, sino como iluminación de mansa pesadilla. La sala es a veces la del teatro Colón, de Buenos Aires, allí llega el gaucho para instalarse frente al *Fausto* de Gounod. Cuando llega de nuevo a la estancia relata como brujería. «Ya es bueno de ir ensillando», le contesta el otro gaucho para introducirlo otra vez en las mañanas de la estancia.

Los primeros alegrones de ese gaucho cantor los comunica en la fiesta de la independencia. La soledad de la distancia en que se ocupa, lo habían apartado de lo hispánico, aunque por el ceño y la mano dura se le empareja. Cuando se reacciona contra Fernando VII, con el cielito, lo hace con burlas americanas. Esa reacción a lo español, lograda la independencia, se amengua, pues se va convenciendo que tiene que ir al mismo punto de partida, al extremo de la frontera, a luchar con los malones, es decir, con los indios. Los mismos que se habían liberado de la externidad, lo mandan a ese extremo de la tierra con indefensión y miseria. Perseguido en las dos situaciones, se acoge a las constantes pruebas del canto. Más guitarras que letras, parece decir, y de nuevo se lleva la alegría del idioma, renaciendo desde las raíces que hicieron posible el romancero. En España, en el siglo XIX, salvo algunas excepciones de sus finales, el idioma decaía, con una prosa acostada y un verso para el pastoreo y el retumbo artificial, pero con esos poemas gauchescos, el idioma volvió a las verdaderas mañanitas de san Juan, del *Romancero*, inaugurando por esa obligación de lenguaje nuevo que organizan las distancias y su hombre.

El Martín Fierro,[39] se empeña en romper toda relación con el galpón de la ciudad. Devorado por los malos sucesos de

39 Barcelona, Linkgua ediciones, 2024. (N. del E.)

la estancia, allí transcurre en el extremo límite de la frontera, perseguido, alanceado, en cárceles, alzado a guapo por fatalidad. El ambiente bonarense en un 25 de Mayo no le arranca ninguna pinta fiestera. Sus características: fiereza e indolencia. No hay en ese gaucho martínfierrista afán de conquista, sino ensanchamiento alegre. «Para mí la tierra es chica, y pudiera ser mejor.» Su linaje fuerte está por encima del amor, pues parte de la pareja y de los hijos, como hechos resueltos ya desde su primera juventud con entereza y facilidad. «Que padre y marido he sido empeñoso y diligente.» De la misma manera que en él todo romanticismo aparece superado, pues su vivir en angustia de todos los días, lo curte para la desazón penosa. «Ninguno me hable de penas porque yo de penas vivo.» Romanticismo de hombre en la entereza, pues el hambre, el amor, el sufrimiento, están ya como agrupados en él cuando entra en la distancia grande, su aposentamiento de todos los días.

En ese gaucho parecen luchar el lujo inútil con el soplo de lo errante. Con el buche lleno hacer el amor, dice Martín Fierro. La mamajuana y el alboroto por el embalaje pasan en sus estrofas. En el *Martín Fierro* se hinchan esas agresiones para darle más cabalidad a la llegada del soplo de lo errante, de la dispersión que le impone la autoridad, que lo obliga de nuevo a ir hacia su paisaje descampado, donde ya no hay fiesteo, sino la lucha con el espíritu del mal, con los malones, con los indios que ya le dejaron un lanzazo en el costado.

En ese extremo de la frontera, lucha con el espíritu del mal, con los malones. Está indefenso ante la autoridad y las agresiones del mal. En una graciosa estrofa alude a la total carencia de material defensivo:

Y un sargento chamuscao

me contó que las tenían,
pero que ellos las vendían
para cazar avestruces;
y ansí andaban noche y día
dele bala a los ñanduces.

Así su tono amargo, de perseguido, está contrastado a veces como por un aire de película cómica, de situaciones muy rápidas que están por encima del comentario. La hazaña americana en el lenguaje, en ese siglo XIX, ha sido plena. La pelusilla gris en que han ido cayendo las palabras españolas en ese siglo, sienten de nuevo por tierras americanas, los pífanos agudos del romancero, con toda la novedad de una feria verbal, protegida por la noche querenciosa del ombú.

En esa distancia dominada por el gaucho, tenemos que señalar la igual dimensión de la ausencia en José Martí. No pretendemos ahora estudiar su obra sino decir su nombre. Como señalamos el señor barroco y el señor estanciero, hay que detenerse en este señor delegado de la ausencia y de las leyes inexorables de la imaginación. En la ausencia, por la fiebre del ámbito, todo está en neto naciente y en cada uno de sus acentos parece que viene hacia nosotros... A veces su *Diario*[40] recuerda en enjutez de la marcha, el Bitácora de Colón. Solo que en el Bitácora se extraen las cosas de nueva pintura, y en el *Diario*, como en la entrada de la cámara subterránea de los egipcios, las palabras están tan seguras como las cosas que nos vamos a llevar para hablar con el sombrío chambelán. Y aunque está muy cerca de la muerte, el color, de quien está muy en lo suyo, se le acrece como los pasteles de azafrán que acompañan a los muertos egipcios. No es un hombre miscénico, sin embargo, pues la ausencia desde don-

40 Barcelona, Linkgua ediciones, 2024. (N. del E.)

de él ve, lo hace ser visto; avanza siempre reconstruido en el remolino, que es un espíritu, tal vez en lo que él llamaba la ley del espejo. Como vimos en ese siglo de nueva andadura del romancero agrandada en el vivaqueo gauchesco, la masa de palabras que estaba congelada en lo gris, recibió con él una lanzada, que la puso a fluir de nuevo sobre el río. Tocó también, avivándola, la tradición grande y soterrada, pues en su ausencia que hace ley de plomada, se encuentra con la ternura de Antonio Pérez, que sabe va a morir sin remedio en la lejanía del Sena. Como en esos mesones donde acudían Racine y Boileau, se encuentra en las paradas del camino, pues las influencias son en él señales de su vida, con los predicadores barrocos y con el cristal soplado del auto sacramental calderoniano. Por esa misma ley de la ausencia, en las que se desarrollaba, sus influencias son conversaciones, habla con Gracián de las molestias que le acarrea el canónigo Salinas, sobrino de su querido Lastanosa, que siempre trae el soneto malo para la revisión, y con Paravicino, que llega a predicar a nueva ciudad casi desmayado. Pero al situarlo en la culminación de la expresión criolla, vemos que ya tenía aquí sus cosas necesarias, las exigencias de una tradición que eran al propio tiempo su cotidiano imaginario de trabajo. Con el grabador anónimo, con ese mascar de la trepa, donde al final el artesano tiene que calzar con cartones una deficiencia de la máquina, tiene que llevar esa amistad con el imprentero añejo que tanto necesita y tanto da. El corrido, en sus formaciones y espirales entre copla y romance, le lleva la querencia de los versos sencillos. La ausencia le lleva como regalada la medida grande, y es uno de los que más nos recuerdan que colosos en griego, más que tamaño significa figura, y él es por naturaleza el ente figurante, el que hace visible. En México debe haber saboreado a Quevedo, reapareciendo en el papelón de burlas. Si lo situamos acercándose con el imprentero para tratar el ajuste de la tinta, en un café de la Reforma, donde se levanta una guitarra apurada, que es tan solo uno de sus fragmentos, lo reconstruimos y lo amamos. Si le situamos en su mochila, otro de sus fragmentos, una brújula y un Cicerón, le encontramos la salida del trabajo y las precauciones ante el acecho, llevadas con invisibles signos de conjuro. Viendo al estanciero, leyendo una de sus grandes crónicas en el papel bonarense, si reposa la lectura, cariñoso con el temerario de las palabras, como el gaucho que se extrema con acometida y despilfarro, vuelve a ver en la ley de la distancia, el agrandado ombú, la casa del desierto, a donde llega Martí, poco antes de morir, pero ahí digo yo mi final, no mi referencia, con temblor.

V. Sumas críticas del americano

Por los años de 1920, cuando irrumpían los llamados reservistas en la literatura francesa, el concepto de originalidad estallaba y se extendía como los avisos matinales del gallo. Se juzgaba, favorablemente en función de «es otra cosa», como halago que motivaba miradas convencidas por la simpatía. *Faire autre chose, faire le contraire*, era la divisa exigida al surgimiento de las nuevas generaciones que nacían con un signo real en la tetilla izquierda, como los antiguos reyes de Georgia. Un Picasso, un Stravinsky, un Joyce, eran juzgados a la sombra del *sprit nouveau*, en función de originalidad. Su ruptura era tan superior a su deuda generacional, que su espinazo histórico era diluido en lo amorfo y protocelular. Cézanne y Picasso eran dos reyes que hacían sus juramentos caminando de espaldas el uno al otro, dirigiéndose hacia distintos árboles. Se quería olvidar, que en la búsqueda de ese frenesí de la originalidad, era el cansancio lo que impulsaba sus pasos, semejante a esos perezosos, que de pronto, al llegar la nueva estación, abren las ventanas, convulsionan los brazos y golpean las mantas de invierno con unas largas varas, como un arriero golpea una recua inmóvil en una encrucijada.

Picasso era «otra cosa», que la búsqueda de la sensación; Stravinsky era «otra cosa», que el afán de encontrar el color orquestal. Un Joyce era «otra cosa», que la sátira moral de un Bernard Shaw. Así, el *sprit nouveau* señalaba con un hilo la inquietud de su soledad de los comienzos y olvidaba que esa frase era una de los etiquetas puestas a la moda por Baudelaire, en el París de la guerra franco prusiana al saludar los metales wagnerianos, el infantilismo diabólico de Luis de Baviera y las enigmáticas representaciones de Jeanne Samary.

Pero al rodar de diez años, la escenografía iba a rehusar el hacer «otra cosa», para reencontrar la línea de continuidad que unía las generaciones. Nos empeñábamos en demostrar que era «la misma cosa» la que con nombres distintos y dosificadas mutaciones, recorría el trayecto de la expresión. Detrás de los valores que una década anterior se apreciaban como originales, se admiraba ahora a título de súmulas históricas, de sentido crítico concentrado, la astucia para pellizcar en aquellas zonas del pasado donde se habían aposentado viveros de innovaciones, que se habían quedado inexpresadas en su totalidad y que ahora se les presentaban como un fragmento aditivo. A Picasso se le quería extraer de la tradición francesa en sus primeras manifestaciones en esta secularidad, de la era de la experimentación y de las mutaciones, para apegarlo, según su propio gusto de lince contemporáneo, a la tradición española, menos riesgosa, que avanza con más lentitud y por lo mismo de un hueso más resistente para los exigencias de lo temporal. (Se olvidaba esta maliciosa tradición, que tanto el Greco, como Goya, se debían a síntesis históricas y no a productos del indigenismo.) Pero aparte de ese reemplazo, en Picasso, de lo español taurino a lo francés formalista, se subrayaba en él golosamente sus pastiches del Greco y de Lautrec, su etapa dórica, sus excursiones a las rocas diédricas del Beato Orta, sus adaptaciones de iluministas catalanes, en fin, su elegante dominio de la panoplia del historicismo estilista. Ya no se buscaba que fuera innovador y original, inquieto y rápido, sino que estuviese respaldado por la gran tradición de la pintura española, por valores sólidos y gravitantes, por estructuras, por huesos carboníferos y dibujos en las rocas, en el crecimiento de las mareas.

En un Stravinsky, con más segura ventura pues se estaba más dentro de una fácil verdad, su fondo popular, los seguros avances del manejo de su masa orquestal en relación con la de Rimsky, que asimilaba y ampliaba, su descubrimiento de Pergolessi, el rag time y el tap, la era del jazz, en fin, todas las abejas históricas sirviendo un manto con emblemas de todas las épocas. En el caso de Joyce, ya no era su taller filológico, su furia verbal, sino el padre Suárez y el padre Sánchez, los maestros escolásticos escogidos por los jesuitas, las latas de basura de los barrios bajos de Dublín, el instrumental de la ginecología especializada pasada por la gigantomaquia de Rabelais, el diseño odiseico. De tal manera, que en menos de diez años, nuestros críticos perezosos, se rectificaban, se oponían por el vértice, lo que se consideraba original era producto del estilismo, lo que aparentaba una ruptura, era una secreta continuidad. Eso hacía ya desusado y anacrónico el tema de las generaciones, traído del seminario alemán, pues las generaciones tienen que partir de su creación, no de un voluntarioso anti, de un combatir a, en proyección matinal de adivinación de futuro. Las generaciones no se forman en la voluntad de querer lo distinto, que es apariencia, sino en el ser de la creación, de ente concurrente de lo verdaderamente novedoso. Lo frenético y destemplado, vemos en los más significativos creadores se vuelve en su fondo, al paso de una década, producto de elaboración y compás. Y perdida la brújula, los que a su tiempo desempeñaban el *role* de los más jóvenes no sabían si se enfrentaban con acciones o reacciones artísticas, no sabían si combatían lo nuevo disfrazados de viejos, o si reaccionaban frente a un formalismo caducado con un realismo que exhalaba vahos pestíferos de tumba, podrida fiebre de los ocasos.

En realidad, lo que sucedía en su nueva y verdadera profundidad, era más difícil de querer y señalar. Sobre todo que era una nueva posición, desamparada de todo historicismo, no precisada por referencias anteriores. En mi opinión, se debía al surgimiento de una nueva manifestación del hombre en su lucha con la forma. Era un tipo de creador, que podía ser al terminar su primera formación, nutrido por todo el aporte de la cultura antigua, que lejos de fatigarlo, exacerbaba sus facultades creadoras, haciéndolas terriblemente sorpresivas. Un saber crítico, que era al mismo tiempo, y quizás por lo mismo muy creador; un conocimiento intuitivo, que se hipostasiaba en lo histórico, por una rápida penetración de las zonas de creación en la habitual confusión de lo histórico. Se me objetará, y la objeción es solo superficial, que Leonardo y Goethe, realizaron ese tipo de cultura, hecho de grandes síntesis vivientes; de un rico poder para descubrir, a través de la forma, los contenidos de creación. Pero una diferencia entre ambos modos de síntesis nos parece bastarle a nuestra finalidad. Las grandes figuras del arte contemporáneo, han descubierto regiones que parecían sumergidas, formas de expresión o conocimiento que se habían desudado, permaneciendo creadoras. El conocimiento de Joyce del neotomismo, siquiera sea como *diletanti*, no era un eco tardío de la escolástica sino un mundo medieval, que al ponerse en contacto con él se volvía extrañamente creador. La llegada de Stravinsky a Pergolessi, no era una astucia neoclásica, sino la necesidad de encontrar un hilo en la tradición, que había estado tan cerca de alcanzar el secreto de la música, el canon de la creación, la fijeza en las mutaciones, el ritmo del retorno. La gran excepción de un Leonardo o de un Goethe, se convertía en nuestra época en la expresión signaria, que exigía un intuitivo y rápido conocimiento de los estilos anteriores, rostros de lo que ha seguido siendo creador después de tantos naufragios y una adecuada situación en la polémica contemporánea, en el fiel de lo que se retira hacia las sombras y el chorro que salta de las aguas.

Si Picasso saltaba de lo dórico a lo eritrero, de Chardin a lo provenzal, nos parecía una óptima señal de los tiempos, si un americano estudiaba y asimilaba a Picasso, *horror referens*. Enseguida, falso ojillo de perdiz que quiere salir del paso, se hablaba de influencias orgánicas, imprescindibles alimentos paulinos, y de influencia vegetativa, pasivas, inservibles. Pero antes de llegar a la solución de este problema, aunque quizás aquí fuera el caso de repetir lo de aquel filósofo, que frente a las aporías eleáticas, decía: «Veo la solución, lo que no veo es el problema». Quizás el problema radique en eso: Picasso ha sido más una solución que un problema. Pero en estos primeros escarceos contentémonos con llevar ese problema si es que existe, a sus inicios, donde convendría recordar los versos de Tirso de Molina:

> Vos picáis la miel ajena,
> y yo sé picar al oso
> que se lleva la colmena.

La más elegante de las prudencias minervinas nos lleva a escoger la pintura mexicana para estos paralelismos, que conviene primero subrayar, y después esfumar. En Guerrero Galván, figura de mujer a la orilla del mar, igual motivo en Picasso, cabellera, manos y pies con igual tratamiento; en Tamayo, composición con melones y mandolinas, en Picasso igual reaparición de la misma escogida fruta y el mismo preferido instrumento musical; caballos, en Agustín Lazo, que parecen marcados con las iniciales de Chirico. (De paso, podríamos recordar del año 10 al 15, en nuestro siglo, donde Pablo de Málaga siguió muy de cerca a Chirico el romano.) No se trata de subordinación de influencias, donde unas resulten mortandades e ineficacias y otros vislumbres e impulsos mágicos. Tampoco de regalías miméticas —¿no ha señalado Mann en Goethe, la dimensión del gran arte reducido a Eros y parodias?— pues en nuestra época para señalar la inicial de la cadena mimética sería necesario unir los espectros de Scotland Yard con el colegio de traductores de Toledo, trabajando en cooperación con el Síndico de escribas egipcios.

Esos reparos hechos por mexicanos a pintores mexicanos, engendraban un terror y un complejo, que, los llevaba a cambiar inculpación por acusación, y así cuando en 1944, nuestros pintores expusieron en México, Diego Rivera, Siqueiros y Rodríguez Lozano, coincidían en acusar a nuestros pintores de influencias picassistas.

Todos esos reparos, engendrados por múltiples confusiones y apresuramientos, se disipaban tan pronto podíamos encontrar un centro de referencias temáticas. Ese centro temático tenía que surgir de un nuevo planteamiento: que Picasso en la historia de la cultura, había entregado y hecho visible algunos secretos muy importantes, tales como elementos plásticos, astucias de composición y el descubrimiento en su plenitud de la tradición verdaderamente creadora en la plástica. Lo que fue una búsqueda dolorosa en Cézanne, con muy pocos discípulos, en Picasso se convertía en un perenne encuentro, en venturas, en dichosas oportunidades. El arte nuevo que había sido en Cézanne una dolorosa aventura, propicia al desarrollo de las grandes personalidades, en Picasso se había convertido en un secreto compartido. Con esas fórmulas que él había encontrado, semejantes a lo que en el siglo XVIII, fue la música *per canon*, y cada día aparecen en ese siglo más músicos desconocidos de gran calidad artesanal, innumerables ejércitos de artistas plásticos, manipulaban distintos juegos estilistas con diferente y varia fortuna. Y ese arte, que todavía a fines del siglo pasado, había sido propicio al desarrollo de las grandes personalidades, un Cézanne, un Van Gogh, un Degas, había ido decreciendo al estilismo, a la combinatoria de fórmulas y a la decoración coloreada. El hecho de que Picasso haya sido el pintor que más influencia ha ejercido en el mundo, mucho más que un Greco, un Piero della Francesca o un Rafael, es un signo de la hipertrofia de la cultura plástica de nuestros días más que un registro de lo cualitativo. Ha sido el malagueño en nuestra época, el ente influenciador, el ser hecho para provocar en los demás una virtud recipiendaria. En eso intervenían también signos muy de época nuestra. Su ojo rápido para captar lo que es creador en su inmediata circunstancia, y llevarlo, con un instinto muy mediterráneo, a lo que es forma y concluyente visibilidad. Según la conocida anécdota, que cada día parece más mentirosa, visitaba los estudios de los jóvenes con excesiva acuciosidad, para sorprender lo que en ellos era larvado y comenzante, para llevarlos al ápice de su realización, pero siempre dejando intocable, su incuestionable paternidad. Era él el hijo en la asimilación sorpresiva y en el asombroso despliegue nutricio, pero al mismo tiempo, mantenía su paternidad en la forma alcanzada y en el dominio del ofrecimiento. Resumen viviente transmitido en orgánica influencia, rendía un secreto, que para el que lo recibía seguía siendo misterioso y placentario. Ningún pintor ha enseñado tantas cosas ocultas, resurgido tantos estilos, proyectado sobre épocas muertas tantas posibilidades de reencuentros y de inicios. Como esos campesinos, que por una excepción de su memoria, comenzaban, sin sorpresa, su charla de todos los días en un griego clásico, estaba hecho para encontrar en la costumbre, en los estilos habituales, prodigiosas señales de vida perdurable, y no nos asombraría si antes de morir, pintara la resurrección de la carne, señalando con sonriente gravedad, el esplendor que va a asumir, como si ese hubiera sido el tema de conversación que hubiese mantenido durante toda su vida con el ángel de nombre rendido.

Así el joven pintor americano, al sentir el aguijón fertilizante de Picasso, no actuaba con desacordado espíritu mimético ni con perpleja sangre aguada, sino como el joven ucraniano, borinqueño o lusitano, que recibían a este san Jerónimo de la plástica, que también a su manera había unido las tradiciones orales del oriente, el secreto de sorprender al narrador en su mejor momento, con el canon romano, la esfera ecuménica, la academia filosófica de Rafael y la legión tebana del Greco.

Es cierto que Picasso y su dichoso androide: el ente influenciador, era una manifestación única aportada por nuestra época, pero había grandes antecedentes históricos, que nos regalaban confianza, frente a esa riqueza ancestral, a su reconocimiento crítico, que a veces caían como una avalancha sobre una era histórica, sobre una ciudad o sobre una persona. Avalancha tan poderosa, que siempre tenía que venir la gracia en su ayuda pues son siempre los mayores los que están sometidos a más grandes peligros. Y en el último confín de la extensión aparece siempre la higuera con sus visitas temerarias.

Ningún *carrefour* o encrucijada más peligrosa que la del griego de la gran época. Entre el teocentrismo egipcio y lo que pudiéramos llamar sin afán excesivamente paradojal, la refinada barbarie persa, esa situación lejos de disminuirlos, de convertirlos en huidores, los lleva, entrelazados en las

danzas alegres de su confianza en un armonioso destino, a
despertar en la extensión medida por la luz. En la lucha de la
prioridad entre los dioses egipcios y griegos, Herodoto, con
secreta complacencia, se obstina en demostrar que el Hércules egipcio precede en cinco generaciones al Hércules griego.
Para demostrarlo se llega hasta Tiro de Fenicia, donde había
un templo dedicado a esa divinidad. Cuando lo comprueba
parece inundarse de alegría.

> Lo vi, pues, ricamente adornado de copiosos donativos, y entre
> ellos dos vistosas columnas, una de oro acendrada en copela,
> otra de esmeralda que de noche en gran manera resplandecían.[41]

El templo, asegura Herodoto, había sido construido con la
Tiro de los fenicios, contando uno antigüedad de 2.300 años.
Conviene, parece derivar Herodoto, que ese dios de la fuerza,
nos venga de lo oscuro y lo lejano, y que nosotros los griegos,
lo pongamos a luchar con hidras y serpientes, con bosques
y ruines astucias, y que nos amenice de nuevo la sexualidad
rendida y lo generatriz perezoso.

Pero esa actitud de confianza griega en relación con los
egipcios, varía en cuanto vislumbran a los persas. Con la
prodigiosa ilustración de sus sentidos, con ese vivir que era
innato acto de respirar, precisan que puedan tomar de los
egipcios formas inconclusas, dioses que pueden trasladar a
sus montes sagrados, pero, en antítesis vigilan con suspicacia
al persa, que es el que les viene a quitar, que es el monstruo
inerte, el organismo flácido que ya no sabe asimilar. La voz
del lidio le aconseja a Creso, para que no vaya contra los
persas:

41 Heródoto, *Los nueve libros de la Historia*, Libro II.

De pieles es todo su vestido, le dice, su región es áspera, no conocen el vino ni el gusto del higo, ni la delicadeza de los manjares. Si los venciereis ¿qué podéis quitar a los que nada poseen? Pero si sois vencido, reflexionad lo mucho que tenéis que perder.

En esa, quizá la posición más peligrosa que pueda ofrecer la historia de la cultura, entre lo egipcio y lo persa, el griego intuyó con alegría de dónde le vendría el velamen más sabio y la maldición más estéril. Gozó deliciosamente de los ofrecimientos egipcios, y se aprestó a resistir el dragón informe, extenso y caprichoso.

El europeo nos había dictado una previa lección, la reducción del paisaje al hombre, ya por la ventana como en algunos primitivos medievales, ya el opulento feudal, como vimos en el Simone Martini, que citamos, que salía más allá de las empalizadas de su castillo; pero en América se pretendía hacer la reducción de la naturaleza al hombre, prescindiendo del paisaje. Pero en realidad ¿qué es en la historia de la cultura el paisaje? Así, cuando el hombre se asoma a ese hilo que distancia su yo del mundo exterior, y precisa un paisaje, ya queda guardado en él un cuadrado, una definición de la naturaleza. ¿Consiste, pues, el paisaje en una verja, de simpática reducción poligonal, con el que se define una extensión de naturaleza? Veamos, veamos, si podemos llevar ese cactus hasta los manteles de un bodegón y allí hacerle un silencioso disparo dialéctico.

Ante todo, el paisaje nos lleva a la adquisición del punto de mira, del campo óptico y del contorno. Que la atención o una saetilla misteriosa se disparen sobre nosotros, que la mirada suelte sus guerreros en defensa de su territorio, y el contorno enarque sus empalizadas frente a zonas indiferentes o gengiskanesca barbarie. El paisaje es una de las formas del dominio del hombre como acueducto romano, una sentencia de Licurgo, o el triunfo apolíneo de la flauta. Paisaje es siempre diálogo, reducción de la naturaleza puesta a la altura del hombre. Cuando decimos naturaleza el *panta rei* engulle al hombre como un leviatán de lo extenso. El paisaje es la naturaleza amigada con el hombre. Si aceptamos la frase de Schelling: «la naturaleza es el espíritu visible y el espíritu es la naturaleza invisible», nos será fácil llegar a la conclusión de que ese espíritu visible de lo que más gusta es dialogar con el hombre, y que ese diálogo entre el espíritu que revela la naturaleza y el hombre, es el paisaje. Primero, la naturaleza tiene que ganar el espíritu; después, el hombre marchará a su encuentro. La mezcla de esa revelación y su coincidencia con el hombre, es lo que marca la soberanía del paisaje.

En América dondequiera que surge posibilidad de paisaje tiene que existir posibilidad de cultura. El más frenético poseso de la mimesis de lo europeo, se licúa si el paisaje que lo acompaña tiene su espíritu y lo ofrece, y conversamos con él siquiera sea en el sueño. El valle de México, las coordenadas coincidentes en la bahía de La Habana, la zona andina sobre la que operó el barroco, es decir la cultura cuzqueña ¿la pampa es paisaje o naturaleza?, la constitución de la imagen en paisaje, línea que va desde el calabozo de Francisco de Miranda hasta la muerte de José Martí, son todas ellas formas del paisaje, es decir, en la lucha, de la naturaleza y el hombre, se constituyó en paisaje de cultura como triunfo del hombre en el tiempo histórico. El sueño de sor Juana es la noche en el valle de México, mientras duerme parece como si su yo errante dialogue con el valle, y los que parecían términos de la dialéctica escolástica se convierten, transmutados por el sueño, en las señales convenidas para los secretos de aquel paisaje. Los artistas sencillos de la escuela cuzqueña, filtran en sus lienzos un cielo reverente, tan distante de las nubes que van desde Botticelli hasta Murillo, más como presagio indescifrable que como una tierna compañía. Y cuando nos proponemos la discusión de si la pampa es naturaleza o paisaje, oímos en las dos primeras invocaciones del *Martín Fierro* y de *La Vuelta de Martín Fierro*,[42] que el idioma ha sido revivido con nuevo orgullo, confianza y hombría, por una naturaleza que se pone más a ras de tierra para brindarnos su estribo, haciéndose paisajes por el nuevo idioma que lo recorre. Oíd la guitarra de Martín Fierro, con la voz humana que la domina a su mejor lado de compañía:

> Me siento en el plan de un bajo
> A cantar un argumento—
> Como si soplara el viento
> Hago tiritar los pastos—
> Con oros, copas y bastos
> Juega allí mi pensamiento.
>
> Yo soy toro en mi rodeo
> y torazo en rodeo ajeno;
> Siempre me tuve por güeno,
> y si me quieren probar
>
> Salgan otros a cantar
> Y veremos quién es menos.

Y en *La vuelta del Martín Fierro*, reposa como una mole pedregosa acompañada de ríos apacibles:

> Y el que me quiera enmendar

42 Barcelona, Linkgua ediciones, 2024-

mucho tiene que saber—
Tiene mucho que aprender
El que me sepa escuchar—
Tiene mucho que rumiar
El que me quiera entender.

Después del señor barroco, bien instalado en el centro de su disfrute el paisaje recobra una imantación más poderosa y demoniaca. El hombre desplazado de su centro, vuelve a él aunque su paisaje se muestre irreconciliable, ya para siempre lejano. Francisco de Miranda, no pudo encontrar nuevo centro de un nuevo paisaje, ni en la Revolución francesa, ni en los encantos de un Eros en la Ilustración, en la corte de Catalina de Rusia, ni en la meticulosa y fríamente creadora Inglaterra de Pitt. Se mueve por toda la Europa, pero hasta que no halla su centro de nuevo en un calabozo, donde reconstruye a su país por ausencia, no se siente de nuevo venezolano esencial. Su paisaje tiene ya la suficiente fuerza, para que en cualquier escenario donde se desenvuelva, y abarcó uno de los mayores de su época, vuelva sobre él, lo retome y lo ponga en el centro de su calabozo.

Cada paisaje americano ha estado siempre acompañado de especial siembra y de arborescencia propia. La civilización precortesina se fundamentaba en «la rubia mazorca», en el maíz, incluso la cultura maya, es la cultura del maíz, del harnero que cubre las estaciones. Engendra un ocio tan distinguido, como el que podían disfrutar los griegos, o el *otium cum dignitate* de los latinos. El barroco tazón del soconusco revela al señor en el puente de mando de su voluptuosidad. Repasa una fatiga, que después ensancha de nuevo en su galpón, en su gran sala de baile. El romanticismo se abandonó, ya en el XIX a la extensión, a la sequía de la planicie, a la

errancia que borra sus huellas. El ombú, árbol que camina
en la noche de la pampa, según nos dice un gran argentino,
Ezequiel Martínez Estrada, regala la vegetativa mansión en
la peligrosa distancia a vencer. Si no el ombú, vaya la ceiba
generatriz, con su permanencia vindicativa. Tranquiliza el
vientre fecundo y resguarda la estancia en unidad de lugar.
Y la franja, la pinta fina del criollo, lanzada en humo de hoja
de tabaco, entre la lentitud del silabeo y los finales de frase,
que pugnan por dar un agudo en el armonioso cierre de sus
vocales. Árboles historiados, respetables hojas, que en el paisaje americano cobran valor de escritura donde se consigna
una sentencia sobre nuestro destino.

Al establecer Van Elst un distingo entre los primitivos fla-
mencos del siglo XV y los primitivos norteamericanos del
siglo XVIII y XIX, se fundamentaba en que los pintores fla-
mencos primitivos, no tenían «espíritu primitivo», sino, por
el contrario, una técnica refinada,

> fueron artífices, nos dice, en su técnica para merecer la cali-
> ficación que corresponde dar a los toscos e incultos pintores
> norteamericanos que viajaban por todos los estados y que para
> pagar su alojamiento y ganarse la vida pintaron los retratos de
> sus huéspedes, o cartelones políticos, o cuadros de significación,
> si no artística, a lo menos, fuertemente patriótica.

Si comparamos la virgen pintada por san Lucas, un atribuido
a Van der Weyden, y la familia York en su hogar, obra de un
primitivo norteamericano, en el Museo de Arte Moderno de
Nueva York, percibimos que no es la diferencia de técnica, según pensaba Van Elst, eso es demasiado obvio y resalta muy
fácilmente, lo que diferencia esos dos cuadros, sino el paisaje,
situado en el primero a través de una ventana, y en el otro en

un cuadro situado en la pared sobre la que se distingue a las dos figuras. Si paralelizamos, un juez justo; de Van Eyck[43] y el general Washington revisando el Fuerte Cumberland,[44] en la galería Osland de Nueva York, no es tan solo la diferencia de testas, sino el paisaje que en este Van Eyck, parece estar de frente al estricto juez, por lo tanto en perspectiva, mientras en el fondo del de George Washington, la severa colocación de los escuadrones, con sus uniformes blancos y azules, se continúa con un paisaje de grandes masas blancas, en la sucesión de las colinas y un cielo cerrado por un claroscuro elemental. Pero más, si con una decisión inocente, ponemos al lado del Retrato de Arnolfini y su prometida,[45] observamos una ventana que filtra la cantidad de luz necesaria para aclarar los rostros, pero que apenas nos permite precisar qué paisaje rebanaba aquella ventana, pero en *Conversación*, colección Thomas Halliday,[46] no aparece un paisaje habitual, sin embargo, se esperaba su despliegue con gran profusión en las flores que porta la figura que rinde homenaje, y por el suelo, las gradaciones que corresponden a una gama de colores oportunos en un primer plano de composición.

Pero si el paisaje americano nos ha llenado de ventura y alabanza, volvamos en esperada antítesis, al cerrado pesimismo del protestantismo hegeliano. Ya vimos cómo en el indio Kondori, los elementos zoomorfos y fotomorfos estaban llevados a la integración que necesitaba una forma barroca.

43 Se refiere al cuadro *Los jueces justos*, de Hubert y Jan van Eyck. (N. del E.)
44 Se refiere al cuadro *Washington revisando el ejército occidental, en Fort Cumberland*, atribuido a Frederick Kemmelmeyer, actualmente expuesto en Met Museum. (N. del E.)
45 Se refiere al cuadro *Retrato de Giovanni Arnolfini y su esposa*, de Jan van Eyck. (N. del E.)
46 No hemos identificado esta obra. (N. del E.)

Pero ahora, de nuevo Hegel, trayéndonos el pesimismo de los alimentos. Pero si vuelvo a él es un tanto con el propósito de burlarlo, señalando para su fastidio una de las veces en que la idea no coincidió con la realidad, pues en ese soberano espíritu, parece como si los hechos y lo empírico domesticados siguieran su ideograma previo, las irritadas exigencias de su mundo conceptual.

Aseguran, dice Hegel, que los animales comestibles no son en el Nuevo Mundo tan nutritivos como los del Viejo. Hay en América grandes rebaños de vacunos, pero la carne de vaca europea es considerada allí como un bocado exquisito.

Han pasado cien años, que ya hacen irrefutables, y sí ridículas, esas afirmaciones hegelianas. Queden así en su grotesco sin añadidura alguna de comento o glosa. Y sonrían los sibaritas ingleses, casi todos lectores de Hegel, cuando se hundan en el argentino bife. *Bisquete*, vemos que la llaman a los ingleses en los primeros poemas gauchescos, por su voracidad para apegarse a la filetada, a la salazón o al tasajo de la Banda Oriental. Quede este gracioso problema para los numerosos hegelianos londinenses de la escuela de Whitehead, que deben regalarnos el nuevo absoluto de esa problemática de la incorporación.

Para Hegel el logos actúa en la historia en una forma teocéntrica, es decir, Dios es logos, sentido, al no encontrar con la facilidad requerida por la absoluteza de su apriorismo, desconfía y nos otorga su desdén. Busca en la América, el espíritu objetivo, y lo que encuentra, como en el Génesis es el aliento de Dios rizando las aguas, como una piedrecilla lanzada de canto sobre la tranquila laminación líquida. Lo que todavía nos asombra, es el desatado interés de Ortega y

Gasset, por esas siete u ocho páginas donde Hegel enjuicia la
América, en su *Filosofía de la historia universal*. Considera
en América solo al criollo blanco, como causal de la independencia, después de subrayar paradojalmente, que la fortaleza
del negro había desalojado la pasividad india. Sus páginas
sobre las culturas negras muestran una escandalosa incom-
prensión. Se limita a señalar un estado de inocencia. Como
si fuera posible que en un estado tribal, la idea de inocencia,
en el sentido paradisíaco católico en que la aplica, pudiera tener desarrollo. Considera que la característica del continente
negro, es ser indomable, en el sentido en que no es suscepti-
ble de desarrollo y educación, dice. Bastaría para refutarlo,
aquella épica culminación del barroco en el Aleijadinho, con
su síntesis de lo negro y de lo hispánico. Esas limitaciones
hegelianas, motivan que nos parezca imprescindible repetir
aquí las palabras de Alfred Weber, que nos parecen una apreciación muy intuitiva y certera de los valores hegelianos en
su totalidad.

> La primera gran contraposición, dice, en que el idealismo ale-
> mán se coloca frente al contenido ideológico de la cultura mo-
> derna procedente de los países occidentales.

En los casos de Melville o de Whitman, el problema de su
nutrición estaba a salvo, la teología o el cuerpo, como sutiles
esencias se movían dentro de la totalidad de su sustancia.
Ambos, Melville y Whitman, guardan una relación de curso
y recurso, de acción y reacción, una fuerza en la caída y otra
de liberación en los elogios del cuerpo. Mientras Melville se
mueve en el mundo sombrío de la teología calvinista, el peca-
do y la caída, los símbolos del mal, los oscuros laberintos que
hacen imposible la redención, retomando de nuevo la antigua

tradición moral y atándose con ella, pero en forma de infierno circular que sucumbe al absoluto de la gracia, Whitman se abstiene de la contemplación de los sombríos mensajeros del bien y del mal, para marchar hacia ese mundo donde Sócrates se ve obligado a definir la sabiduría perseguido por el recuerdo de la túnica de Charmides. Pero en ese hombre que lucha contra el mal, está también el mal, de tal manera que el combate que ofrece tiene todas sus posibilidades estéticas destrozadas. Sabe que en esa lucha contra el mal, no podrá salvar una totalidad, y a sus frenéticos gritos en el puente de su nave, le responden las voces de los monstruos que le rodean, como una especie de aleluya de signo negativo, pues al comenzar la batalla su única justificación era el tamaño de la propia grandeza de la caída. Cuando asciende es solo para contemplar el monstruo replegado en la oscuridad. Su lucha contra el mal lo enardece en tal forma que su destino, como el de un héroe griego, solo se puede completar en la muerte. Al final de la obra percibimos que el mal no le busca a él, sino, por el contrario, es su complementario, él necesita la acción infernal para cerrar su carrera. Al final ha comprendido su destino, que su mayor grandeza está en la auto fuerza de su tanatos, y que lo que ha hecho es caminar hacia su destrucción. Expresa el apocalipsis del descenso a los infiernos. Al combatir el espíritu del mal con el idéntico signo de la rebelión, encuentra en la muerte la única solución posible. Se ha enfrentado con el mal, con idéntica potencia y en esa fría épica del terror que lo destruye se igualan ambas rebeliones. Whitman parece rellenar de nuevo el mutilado cuerpo de Ahab y se aleja del sombrío mundo de la irredención. Ningún frenesí lo acompaña, sino el sentido del cuerpo irradiante. No le preocupa la línea divisoria del bien y del mal, sino la energía; pero con qué distinto signo que la energía demoníaca de Willliam Blake. Le interesa esa energía en cuanto impide la integración del espíritu del mal. Mientras Ahab se siente separado del mundo, y en esa separación radica la destrucción que él necesita, Whitman se integra cuerpo contra yerba, yerba contra lo estelar, viviendo en la redención de lo necesario que es al mundo la presencia de su cuerpo. Melville y Whitman instauran en pleno siglo XIX la era de los hombres de los comienzos. Se han liberado del historicismo, y para pleno furor de Hegel, su alimentación y sus esencias han sido de las más próvidas. Los lanzazos de Ahab persiguiendo el monstruo de la predestinación, reaparecen en nuestros días en el furor de Kafka por romper una cáscara que no guarda ya relación con su embrión sino con sus casquetes fríos. Y cuando al consignar las influencias recibidas por Kafka, se sitúa al lado de la de Schelemaicher, la de Melville, comprendemos que la teología protestante del primero buscaba reavivar su tradición en Melville. Las exaltaciones de Whitman por encontrar un cuerpo donde él esté insertado, reaparecen también en las potentes escalas del procesional de Paul Claudel, solo que en Whitman la relación se establece en un mundo arcaico primitivo, y en Claudel las jerarquizaciones se establecen en un mundo teocrático de intercambio de los dones de la gracia y el orden de la caridad. Pero no solamente esa relación ha sido establecida por los americanos de gran estilo, en relación con la tradición pindárica griega y el mundo de la caída, sino en Gershwin, por ejemplo, se plantea el caso inverso con igual grandeza. Había recibido mediatizadas influencias occidentales, el pianismo de Listz, el sinfonismo diluido de Tchaikóvsky, los experimentalistas de la Primera guerra mundial, el primer Honneger de la Locomotora, pero al volver el mundo popular de su país sobre su formación primera, fue suficiente para que en *Porgy and Bess*, o en algunas de sus magníficas canciones, como en *La tristeza del lunes*, expresase cabalmente su macrocosmos. La sirena de su Rapsodia forma parte de los laboratorios de física acústica de los experimentalistas, pero las síncopas de raíz popular de la era del jazz, la nostalgia de los *Spirituals*, fueron suficientes para que organizase su plenitud por encima de sus influencias negativas. Su modernidad es legítima, porque al explorar desde su raíz la fuente de su tradición, la cual proclama adventicias las otras tradiciones decaídas o impuras, sirviendo como de soporte o prueba, pues una tradición equivocada la expele, de la misma manera que un cuerpo sano rehusa las incorporaciones fragmentarias o dañadas.

Esa voracidad, ese protoplasma incorporativo del americano, tenía raíces ancestrales. Gracias a esas raíces se legitimaba la potencia recipiendaria de lo nuestro. La influencia francesa, desde la revolución auroral y el romanticismo, había sido creadora, porque esa misma influencia francesa había beneficiado lo hispánico, desde la época de Alfonso VI, en plena Edad Media, la influencia borgoñona, el ritual galo en las principales cátedras episcopales, se había empotrado en la estructura de la mejor ascensional hispánica. Juan de Colonia, que trabajaba para la casa de Borgoña, remata las agujas de la catedral de Burgos, quince años más tarde de su cimentación, según el dato de Mayer, se dirigen a Toledo, con Annequin, Egas de Bruselas, esculturas de Bélgica y de Francia. Y las estatuas del siglo XIII, en el interior de la misma catedral, llenas todas del potente espíritu del gótico primitivo francés. Pero aun luchando con las invasiones de ese gótico francés, basta con templar las torres de la catedral de Burgos, para percibir de inmediato que su fundamentación es hispánica.

<blockquote>Bien se ve, dice Meyer, que, en general, todavía se conserva la continuidad del bloque total; pero este movimiento es de una libertad no conocida hasta entonces.</blockquote>

Fundamentación y libertad la raíz del gótico hispánico. Fundamentación y libertad signo de toda la historia española a lo largo de las secularidades. En un genio de lo español altamirano, Goya, lo vemos influenciado por el rococó alemán de Mengs y el rococó francés de Watteau. Es decir, con una historia que lo obligaba a ello, el español tiene el genio de ser influenciado. La mejor recepción de la prosa italiana, desde el *trescento* boccaciano, es el *andantino* de la prosa de Cervantes. La polifemaida[47] del Marini se rinde al soberbio Polifemo cordobés.

La concepción mimética de lo americano como secuencia de la frialdad y la pereza, se esfuman en ese centro de incorporaciones que tenemos de lo ancestral hispánico. ¿Dónde se encontraba el centro de gravitación de esa recepción de influencias? El centro de la resistencia hispánica es el roquedal castellano, eso motiva que en España las influencias no puedan ser caprichosas o errantes, sino esenciales y con amplia justificación histórica. Al refractarse con la pedregosidad castellana, lo que allí queda empotrado tiene que ser igualmente fuerte y necesario, semejante a un gran organismo primitivo las partículas nutricias tienen que llegar al centro de su masa en cuyo centro ciego está la indistinción de sus funciones. Por eso el duro centro de resistencia en el español recibe las influencias con reverencia ética, con fervor ascético. En la influencia americana lo predominante es lo que me atrevería a llamar el espacio gnóstico, abierto, donde

47 Se refiere al poema *Adonis*, de Giambattista Marini, que influye alusiones a Polifemo. (N. del E.)

la inserción con el espíritu invasor se verifica a través de la inmediata comprensión de la mirada. Las formas congeladas del barroco europeo, y toda proliferación expresa un cuerpo dañado, desaparecen en América por ese espacio gnóstico, que conoce por su misma amplitud de paisaje, por sus dones sobrantes. El *simpathos* de ese espacio gnóstico se debe a su legítimo mundo ancestral, es un primitivo que conoce, que hereda pecados y maldiciones, que se inserta en las formas de un conocimiento que agoniza, teniendo que justificarse, paradojalmente, con un espíritu que comienza. ¿Por qué el espíritu occidental no pudo extenderse por Asia y África, y sí en su totalidad en América? Porque ese espacio gnósti-co, esperaba una manera de fecundación vegetativa, donde encontramos su delicadeza aliada a la extensión, esperaba que la gracia le aportase una temperatura adecuada para la recepción de los corpúsculos generatrices.

La prueba de la exigencia vegetativa de ese espacio gnós-tico, la encontramos en el pequeño número de colonizadores que poblaron, no en número, sino en espacio conveniente, una extensión que si no hubiera sido estéril. La delicadeza es la sensación porosa de una temperatura, la ausencia de desdén por toda posibilidad fecundante. En la Europa rena-centista, que produce la imago propicia al descubrimiento, al recibir el caos de la descomposición del mundo teológico, al pensar de nuevo en el periodo arcádico, se enarcó de nuevo el indio bueno, como una creación rezagada del periodo de los agricultores. Pero esa delicadeza no tiene nada que ver con el concepto renacentista de la bondad del hombre primiti-vo. La naturaleza puede ser también refinada y terriblemente exigente, llegando a extremos inconcebidos por el hombre, y es precisamente el hombre primitivo el que mayor siente ese refinamiento y esa exigencia. Cuando el Inca Garcilaso se sentaba, rodeado de la nobleza de su ancestro incaico, los relatos se mezclaban con el lloro de la nostalgia. Lejos de motivarle rencor esa lamentación situada en su raíz ancestral, lo lleva a unir el renacimiento italiano con las formas de la primera gran madurez de la cultura hispánica, llevadas a desentrañar la fundamentación de la cultura incaica.

Después de la Edad Media, tanto la contrarreforma como el espíritu loyolista, eran formas del rencor, de la defensiva, de un cosmos que se desmoronaba y al que se queda apuntalar con la más rígida tensión voluntariosa. Solo en ese momento América instaura una afirmación y una salida al caos europeo. Pero un nuevo espacio que instaure un Renacimiento solo lo americano lo pudo ofrecer en su pasado y lo brinda de nuevo a los contemporáneos. Pachacámac es un dios incaico, que según Garcilaso, quiere decir «el que hace con el universo lo que el alma con su cuerpo». La relación alma, cuerpo, naturaleza, está integrada frente al caos de los valores, frente a la *physis*, que preludia el Renacimiento. Cuando el hombre sangra en su imposibilidad, para hacer el símbolo perdurable, crea el símbolo de la piedra cansada que sangra, un espejo que asegura la perdurabilidad de su dolor. Ninguna cultura de empalizada llevó el manejo de piedras largas a la perfección incaica, sin cerrajes adecuados de elevación y pulimento llegaron a un perfeccionamiento que el asombro solo puede comparar con las murallas babilónicas. Ese manejo de piedras de gran extensión, que los conquistadores consideraron obras del hechizo, solo podía ser logrado por el espacio gnóstico, que interpreta, por una relación muy estrecha con el hombre, la naturaleza como forma de un refinamiento, de una delicadeza. Pachacámac es dios invisible que a través de la naturaleza y el hombre adquiere su visibilidad. En ninguna cultura como la incaica la fabulación adquirió tal fuerza de realidad. La batalla de los Chancas, donde combatieron alrededor de cien mil guerreros, fue aconsejada por fantasmas, las piedras se convirtieron en guerreros, y después otra vez en piedras, el inca Viracochi recibe los refuerzos que le había indicado el fantasma de su tío. Los sacerdotes de la Casa del Sol, trataban a su divinidad, el Sol, como si fuera un hombre de su tamaño, calmando su sed en un tinajón de oro, que disminuía todos los días. Construye Viracochi después un templo en memoria del fantasma consejero de sus armas. La relación entre el hombre precortesino y el espacio gnóstico, hace que apenas pueda distinguirse la forma intermedia y como oblicua de su conocimiento. Algunas expresiones del último culteranismo, «arcos siendo a sus fuegos voladores, los párpados tejidos de las flores», parecen estar engendradas por el retorno de lo americano al sur hispánico. Los signos transcurridos después del descubrimiento han prestado servicios, han estado llenos, hemos ofrecido inconsciente solución al superconsciente problematismo europeo. En un escenario muy poblado como el de Europa, en los años de la contrarreforma, ofrecemos con la conquista y la colonización una salida al caos europeo, que comenzaba a desangrarse. Mientras el barroco europeo se convertía en un inerte juego de formas, entre nosotros el señor barroco domina su paisaje y regala otra solución cuando la escenografía occidental, tendía a trasudar escayolada. Cuando en el romanticismo europeo, alguien exclamaba, escribo si no con sangre, con tinta roja en el tintero, ofrecemos el hecho de una nueva integración surgiendo de la imago de la ausencia. Y cuando el lenguaje decae, ofrecemos la dionisíaca guitarra de Aniceto el Gallo y el fiesteo cenital en la rica pinta idiomática de José Martí. Y cuando, por último, frente al glauco frío de las junturas minervinas, o la cólera del viejo Pan anclada en el instante de su frenesí, ofrecemos, en nuestras selvas, el turbión del espíritu, que de nuevo riza las aguas y se deja distribuir apaciblemente por el espacio gnóstico, por una naturaleza que interpreta y reconoce, que prefigura y añora.

Libros a la carta

A la carta es un servicio especializado para
empresas,
librerías,
bibliotecas,
editoriales
y centros de enseñanza;
y permite confeccionar libros que, por su formato y concepción, sirven a los propósitos más específicos de estas instituciones.

Las empresas nos encargan ediciones personalizadas para marketing editorial o para regalos institucionales. Y los interesados solicitan, a título personal, ediciones antiguas, o no disponibles en el mercado; y las acompañan con notas y comentarios críticos.

Las ediciones tienen como apoyo un libro de estilo con todo tipo de referencias sobre los criterios de tratamiento tipográfico aplicados a nuestros libros que puede ser consultado en Linkgua-ediciones.com .

Linkgua edita por encargo diferentes versiones de una misma obra con distintos tratamientos ortotipográficos (actualizaciones de carácter divulgativo de un clásico, o versiones estrictamente fieles a la edición original de referencia).

Este servicio de ediciones a la carta le permitirá, si usted se dedica a la enseñanza, tener una forma de hacer pública su interpretación de un texto y, sobre una versión digitalizada «base», usted podrá introducir interpretaciones del texto fuente. Es un tópico que los profesores denuncien en clase los desmanes de una edición, o vayan comentando errores de interpretación de un texto y esta es una solución útil a esa necesidad del mundo académico.

Asimismo publicamos de manera sistemática, en un mismo catálogo, tesis doctorales y actas de congresos académicos, que son distribuidas a través de nuestra Web.

El servicio de «libros a la carta» funciona de dos formas.

1. Tenemos un fondo de libros digitalizados que usted puede personalizar en tiradas de al menos cinco ejemplares. Estas personalizaciones pueden ser de todo tipo: añadir notas de clase para uso de un grupo de estudiantes, introducir logos corporativos para uso con fines de marketing empresarial, etc. etc.

2. Buscamos libros descatalogados de otras editoriales y los reeditamos en tiradas cortas a petición de un cliente.